TEORÍA CENTRADA EN LA PERSONA

UNA GUÍA DE LA PSICOLOGÍA ROGERIANA

TABLA DE CONTENIDO

INTRODUCCIÓN A LA TEORÍA CENTRADA EN LA PERSONA

Teorías psicológicas prehumanistas

El panorama de la psicología anterior al surgimiento del humanismo estaba dominado por varios marcos teóricos influyentes, cada uno de los cuales ofrecía perspectivas únicas sobre la mente y el comportamiento humanos. Entre ellos, destacaban la teoría psicoanalítica, el conductismo y la psicología cognitiva, cada uno con su propio conjunto de principios y metodologías. La teoría psicoanalítica, iniciada por Sigmund Freud, se centraba en la mente inconsciente, las experiencias infantiles y la dinámica de las relaciones interpersonales. Si bien aportaba valiosas perspectivas sobre las complejidades de la motivación y el comportamiento humanos, su enfoque en la patología y su visión determinista de la naturaleza humana limitaban su capacidad para captar plenamente la riqueza de la experiencia humana. De igual manera, el conductismo, impulsado por figuras como BF Skinner y John B. Watson, se centraba en el comportamiento observable y los estímulos externos, ignorando en gran medida las experiencias internas y las realidades subjetivas de los individuos. Si bien el conductismo contribuyó enormemente a nuestra comprensión del aprendizaje y el condicionamiento, su enfoque mecanicista descuidaba la profunda influencia de los pensamientos, las emociones y la autopercepción internos en el comportamiento humano. En contraste, la psicología cognitiva centró su atención en procesos mentales como la percepción, la memoria y la resolución de problemas, ofreciendo una comprensión más matizada de la cognición humana. Sin embargo, a menudo pasó por alto el importante papel de las experiencias afectivas y la naturaleza holística del funcionamiento humano. Estas teorías psicológicas predominantes, si bien innovadoras en sí mismas, mostraron limitaciones para abordar integralmente a la persona en su totalidad, descuidando los aspectos subjetivos, existenciales y fenomenológicos de la existencia humana. Es en este contexto de lagunas y limitaciones teóricas que el surgimiento del humanismo marcó un cambio de paradigma en la psicología, abogando por un enfoque más holístico y centrado en la persona que honraba la experiencia subjetiva, la autonomía y el potencial de crecimiento y autorrealización del individuo.

El surgimiento del humanismo en la psicología

A mediados del siglo XX, el campo de la psicología experimentó una transformación significativa con el surgimiento del enfoque humanista. Este cambio de paradigma se vio influenciado en gran medida por el creciente descontento con las perspectivas reduccionistas y deterministas predominantes en las teorías psicoanalíticas y conductistas. La psicología humanista puso un fuerte énfasis en la autonomía individual, el crecimiento personal y el valor intrínseco de cada ser humano. En esencia, este enfoque buscaba comprender la experiencia humana desde una perspectiva holística, reconociendo la complejidad y singularidad de cada individuo. El movimiento humanista condujo al desarrollo de teorías influyentes como la jerarquía de necesidades de Maslow, que resaltaba el impulso innato de autorrealización y la búsqueda de la plenitud. A diferencia de las teorías tradicionales que a menudo patologizaban el comportamiento humano, el humanismo celebraba el potencial para el crecimiento psicológico positivo y la autorrealización.

Una de las contribuciones clave de la psicología humanista fue su enfoque en las experiencias subjetivas y la importancia de comprender el mundo desde la perspectiva individual. Este énfasis en la realidad subjetiva desafió la tendencia predominante de tratar a los seres humanos como objetos de estudio objetivo, ofreciendo una perspectiva más empática y matizada de la condición humana. Además, la psicología humanista enfatizó la importancia de la introspección, la autoexploración y la búsqueda de sentido a la propia existencia. Este giro introspectivo marcó un alejamiento del énfasis conductista en las conductas observables y del enfoque psicoanalítico en los procesos inconscientes, subrayando el papel fundamental de la experiencia consciente en la configuración del comportamiento y el bienestar humanos.

El surgimiento del humanismo en psicología también fomentó una mayor apreciación de la diversidad y el contexto cultural para comprender el comportamiento humano. En lugar de imponer marcos universales, los psicólogos humanistas reconocieron la importancia de considerar factores culturales, sociales y personales en el estudio de la experiencia humana. Esta sensibilidad cultural sentó las bases para un enfoque más inclusivo y respetuoso para abordar las complejidades de la condición humana en diferentes contextos y sociedades.

Introducción a Carl Rogers

Carl Rogers, psicólogo estadounidense, es reconocido como una de las figuras más influyentes en el campo de la psicología, en particular por su trabajo pionero en psicología humanista y terapia centrada en la persona. Nacido en 1902 en Oak Park, Illinois, Rogers inicialmente se dedicó a la agricultura antes de descubrir su verdadera pasión por la psicología. Bajo la tutela de psicólogos de renombre como John Dewey, Rogers se adentró en los campos de la psicología clínica y la psicoterapia, transformando el panorama de la práctica terapéutica.

El profundo impacto de Rogers en el campo se debe a su énfasis en el valor y la dignidad inherentes de cada individuo. Creía que cada persona posee la capacidad de crecimiento personal y autorrealización si se dan las condiciones terapéuticas adecuadas. Esto sentó las bases de su revolucionario enfoque centrado en el paciente, que priorizaba las experiencias y perspectivas únicas de cada persona que buscaba terapia.

El aprendizaje experiencial de Rogers en la práctica le permitió desarrollar una profunda comprensión de la naturaleza subjetiva de la experiencia humana. Su concepto de "proceso de valoración organísmica" subrayó la inclinación innata de las personas hacia la autorrealización. Además, a través de su extensa labor terapéutica, Rogers identificó el papel crucial de la empatía, la congruencia y la consideración positiva incondicional para fomentar un entorno terapéutico de apoyo y cuidado. Estos principios sentaron las bases de su teoría centrada en la persona y siguen siendo principios rectores en la práctica terapéutica contemporánea.

Las contribuciones de Rogers trascienden el ámbito de la práctica clínica. Como ferviente defensor de los valores humanísticos, buscó aplicar sus teorías a contextos sociales más amplios, enfatizando la importancia de la comunicación empática, la autenticidad y la ética relacional para promover las relaciones interpersonales positivas y la armonía social. Su influencia repercute en diversos campos, como la educación, el desarrollo del liderazgo y la resolución de conflictos, donde sus principios han sido fundamentales para fomentar entornos inclusivos y empoderadores.

Principios fundamentales de la teoría centrada en la persona

La teoría centrada en la persona se basa en varios principios fundamentales que subrayan la esencia de este enfoque humanista de la psicología. En el corazón de esta teoría se encuentra la creencia en la bondad innata y el potencial de crecimiento de cada individuo. Carl Rogers, pionero de la terapia centrada en la persona, enfatizó la importancia de crear un entorno de apoyo donde los pacientes puedan explorar sus pensamientos, sentimientos y experiencias sin temor a ser juzgados ni criticados.

Un aspecto central de la teoría centrada en la persona es el concepto de autorrealización, en el que las personas se esfuerzan por alcanzar su potencial y su plenitud personal. Según Rogers, este proceso se facilita mediante la existencia de ciertas condiciones terapéuticas, como la empatía, la congruencia y la consideración positiva incondicional. La empatía, la capacidad de comprender y compartir la experiencia interna del cliente, permite al terapeuta conectar con él a un nivel profundamente empático, fomentando la confianza y la comprensión.

La congruencia, la expresión genuina y transparente de los sentimientos y experiencias del terapeuta, crea un ambiente de autenticidad y honestidad dentro de la relación terapéutica. Esta congruencia permite a los clientes entablar un diálogo abierto y honesto, lo que conduce a una mayor autoconciencia y comprensión psicológica.

La consideración positiva incondicional, caracterizada por la aceptación, el respeto y la ausencia de juicios, comunica al cliente su valor intrínseco y su mérito de empatía y comprensión. Al brindar esta consideración positiva incondicional, el terapeuta fomenta un entorno en el que el cliente puede explorar sus emociones y experiencias sin temor al rechazo ni a la invalidación.

Otro principio fundamental de la teoría centrada en la persona es la noción del cliente como el máximo experto en sus propias experiencias y mundo interior. En este enfoque, el terapeuta actúa como facilitador, ayudándolo a explorar y comprender sus pensamientos y emociones, en lugar de imponerle interpretaciones o soluciones.

Se prioriza la experiencia subjetiva del individuo y el terapeuta trabaja para comprender la perspectiva única del cliente sin imponer sus propias creencias o valores. Esto le permite participar activamente en el proceso terapéutico, fomentando el autodescubrimiento y el crecimiento personal.

Estos principios fundamentales contribuyen colectivamente al objetivo general de la terapia centrada en la persona: crear un espacio seguro, empático y sin prejuicios donde los clientes puedan embarcarse en un viaje de autoexploración, autoaceptación y crecimiento psicológico. Al enfatizar el potencial innato de autorrealización y las condiciones terapéuticas que facilitan este proceso, la teoría centrada en la persona continúa influyendo y guiando la práctica psicológica contemporánea.

Distinción entre los enfoques psicodinámico y conductual

La teoría centrada en la persona, tal como la propugnó Carl Rogers, pone un fuerte énfasis en la experiencia subjetiva del individuo y su potencial innato de crecimiento. En contraste, la teoría psicodinámica, influenciada por figuras como Sigmund Freud, se centra en los procesos inconscientes, las experiencias tempranas y la importancia de las interpretaciones del terapeuta. Si bien tanto la teoría centrada en la persona como la psicodinámica reconocen la importancia de la relación terapéutica, difieren significativamente en su conceptualización de la naturaleza humana y el enfoque de las intervenciones terapéuticas. Además, el enfoque centrado en la persona rechaza la idea de que el terapeuta experto analice e interprete las experiencias del cliente, optando en cambio por una comprensión empática y no directiva que le permite explorar sus propias emociones y significados en un entorno de apoyo.

Al comparar la teoría centrada en la persona con los enfoques conductuales, las disparidades son pronunciadas. Las teorías conductuales priorizan las conductas observables y proponen que estas se moldean por influencias externas, como las recompensas y los castigos. En marcado contraste, la teoría centrada en la persona enfatiza el mundo subjetivo del individuo y valora la autonomía y la autodirección del cliente en el proceso terapéutico. En lugar de centrarse únicamente en la modificación de la conducta, la terapia centrada en la persona busca fomentar la autoexploración, el crecimiento personal y la realización del potencial intrínseco del cliente. Además, el enfoque centrado en la persona no emplea técnicas destinadas a alterar conductas específicas, sino que enfatiza la provisión de consideración positiva incondicional, comprensión empática y congruencia por parte del terapeuta, lo que crea un espacio seguro para que el cliente participe en la autoexploración y la autoaceptación.

Componentes principales

En la terapia centrada en la persona, los componentes fundamentales de la empatía, la congruencia y la consideración positiva incondicional constituyen los pilares fundamentales del proceso terapéutico. La empatía, la capacidad de comprender y compartir los sentimientos del otro, desempeña un papel fundamental para fomentar un entorno terapéutico de apoyo y cuidado. Implica no solo comprender la perspectiva del cliente, sino también comunicar eficazmente esta comprensión, creando así un sentimiento de validación y aceptación. Por ello, los terapeutas se esfuerzan por transmitir una empatía genuina, demostrando un sincero deseo de comprender las experiencias del cliente sin juzgar ni evaluar.

La congruencia, también conocida como genuinidad o autenticidad, enfatiza la capacidad del terapeuta para expresar abierta y sinceramente sus pensamientos, sentimientos y reacciones dentro de la relación terapéutica. Esta transparencia permite al cliente percibir al terapeuta como una persona real y cercana, fomentando así la confianza y la compenetración. Al encarnar la congruencia, los terapeutas potencian la autenticidad del encuentro terapéutico, fomentando un entorno donde los clientes se sienten seguros para explorar sus emociones y experiencias sin temor a juicios ni fingimientos.

La consideración positiva incondicional engloba la noción de aceptación y apoyo inquebrantables para el cliente, independientemente de sus acciones, comportamientos o circunstancias. Un aspecto central de este concepto es la creencia de que cada individuo posee un valor intrínseco y merece compasión y comprensión incondicionales. Los terapeutas buscan cultivar un ambiente de consideración positiva incondicional, donde los clientes se sientan validados, respetados y estimados, empoderándolos así para explorar sus pensamientos y emociones más íntimos sin temor al rechazo ni a la desaprobación.

El papel del cliente en la terapia

En la Terapia Centrada en la Persona, el rol del cliente es primordial, ya que el enfoque gira en torno a sus experiencias subjetivas, conflictos internos y potencial de crecimiento. A diferencia de las relaciones terapéuticas tradicionales, donde el terapeuta ocupa una posición de autoridad, el enfoque Centrado en la Persona pone un énfasis significativo en empoderar al cliente para que asuma un rol activo en su propio proceso terapéutico. El cliente es considerado el experto en sus propias experiencias, y el terapeuta actúa como facilitador, proporcionando un entorno empático y de apoyo para que el cliente explore sus pensamientos, emociones y comportamientos.

El concepto de autodescubrimiento y autoexploración es fundamental para el rol del cliente en la terapia. Se anima a los clientes a practicar la introspección, reflexionando sobre sus sentimientos y experiencias sin temor a ser juzgados. Este proceso les permite comprender mejor su mundo interior, desarrollar una mayor autoconciencia y cultivar una comprensión más profunda de sí mismos. A través de esta exploración, los clientes pueden trabajar hacia la congruencia entre su yo ideal y su yo real, un principio fundamental de la Terapia Centrada en la Persona.

El cliente participa activamente en la definición de la agenda de la terapia. En lugar de seguir un plan de tratamiento predeterminado o depender únicamente de las directrices del terapeuta, se anima a los clientes a expresar sus objetivos, inquietudes y prioridades. Este enfoque colaborativo garantiza que la terapia se ajuste a las necesidades y aspiraciones únicas del cliente, fomentando un sentido de pertenencia y autonomía en el proceso terapéutico. Al participar activamente en la definición del enfoque de la terapia, los clientes tienen más probabilidades de sentirse empoderados y motivados para participar en el trabajo terapéutico.

El rol del cliente va más allá de las sesiones de terapia. La Terapia Centrada en la Persona enfatiza la importancia de integrar los conocimientos adquiridos en la terapia en su vida diaria. Se anima a los clientes a aplicar sus nuevos conocimientos y habilidades para gestionar desafíos, fortalecer sus relaciones y fomentar el crecimiento personal fuera del ámbito terapéutico. Esta integración de la terapia en la vida diaria empodera al cliente para convertirse en su propio agente de cambio, creando un proceso continuo y evolutivo de superación personal.

La noción del «yo» en un contexto centrado en la persona

Carl Rogers, fundador de esta teoría, enfatizó la importancia de comprender y mejorar el autoconcepto para lograr el crecimiento y la realización personal. El concepto de "yo" abarca las percepciones, actitudes y creencias que un individuo tiene sobre sí mismo, las cuales moldean su comportamiento, emociones e interacciones con los demás. En el contexto de la Teoría Centrada en la Persona, el "yo" se considera un constructo en evolución que refleja las experiencias, valores y autopercepciones de una persona. Rogers postuló que las personas se esfuerzan por alcanzar la autorrealización, un estado en el que alinean su autoconcepto con sus experiencias y sentimientos reales. En el centro de esta idea está el concepto de congruencia, donde el autoconcepto del individuo armoniza con sus experiencias y emociones genuinas, lo que conduce al bienestar psicológico. El proceso terapéutico dentro de un marco centrado en la persona se centra en facilitar la exploración y comprensión del autoconcepto del cliente. Esta exploración a menudo implica examinar las discrepancias entre el Yo ideal del cliente (la persona que aspira a ser) y su yo percibido (cómo se ve actualmente). A través de la comprensión empática y la consideración positiva incondicional, los terapeutas ayudan a los clientes a gestionar estos conflictos internos y a cultivar una mayor congruencia. Además, la perspectiva centrada en la persona reconoce la influencia de los factores sociales y ambientales en el desarrollo y mantenimiento del autoconcepto. Esta perspectiva holística reconoce que las condiciones externas, como las expectativas sociales y las normas culturales, impactan la autopercepción y la formación de la identidad de un individuo. Además, la teoría enfatiza la capacidad de las personas para autodirigir su crecimiento y sanación. Al reconocer y aceptar los diversos aspectos de su autoconcepto, las personas pueden progresar hacia un sentido de identidad más integrado y auténtico. En consecuencia, el enfoque centrado en la persona ofrece una perspectiva humanista y empoderadora a través de la cual las personas pueden explorar y redefinir su "yo", buscando en última instancia una mayor autorrealización y realización personal.

Conceptos erróneos sobre la teoría centrada en la persona

Existen varios conceptos erróneos comunes en torno a la Teoría Centrada en la Persona que han generado malentendidos y tergiversaciones de este enfoque. Un error frecuente es la idea de que el terapeuta, en un enfoque centrado en la persona, simplemente refleja las declaraciones o sentimientos del cliente sin ofrecerle orientación ni retroalimentación. Esta simplificación excesiva no capta la naturaleza matizada del proceso terapéutico dentro de este marco. Además, existe la idea errónea de que la terapia centrada en la persona carece de estructura y dirección, lo que lleva a algunos a creer que podría no ser tan efectiva como las formas de terapia más directivas. Sin embargo, esto pasa por alto la estructuración intencional de la relación y el entorno terapéuticos, diseñados para fomentar el crecimiento y la autoexploración, a la vez que proporcionan un marco de apoyo. Otro error común es que la terapia centrada en la persona solo es adecuada para ciertos tipos de personas, en particular para aquellas que ya son muy introspectivas o autoconscientes. En realidad, este enfoque puede ser beneficioso para una amplia gama de clientes, ya que busca aprovechar el potencial inherente de crecimiento y autorrealización presente en todas las personas, independientemente de su nivel actual de introspección. Además, algunos críticos consideran erróneamente la terapia centrada en la persona como excesivamente idealista o carente de evidencia empírica que respalde su eficacia. Sin embargo, la investigación ha demostrado continuamente su utilidad en diversas poblaciones y problemáticas actuales. Es importante reconocer que, si bien la terapia centrada en la persona enfatiza la empatía y la consideración positiva incondicional, también incorpora una rigurosa investigación empírica para validar sus principios y técnicas. Finalmente, existe la idea errónea de que la terapia centrada en la persona prioriza excesivamente las experiencias subjetivas del paciente en detrimento de la realidad objetiva o de factores externos. Sin embargo, los terapeutas centrados en la persona reconocen la importancia tanto del significado personal como de las influencias contextuales, buscando integrar estos elementos de forma holística.

Importancia y relevancia actual

La Teoría Centrada en la Persona, a pesar de las persistentes concepciones erróneas, sigue siendo un enfoque significativo y relevante en la psicología contemporánea. Su énfasis holístico en la experiencia subjetiva del individuo y la autorrealización la distingue como un marco atemporal para comprender el comportamiento humano y fomentar el crecimiento personal. En la sociedad diversa y dinámica actual, los principios de empatía, congruencia y consideración positiva incondicional que promueve la terapia centrada en la persona son cada vez más valiosos para abordar las necesidades multifacéticas de las personas en diversos contextos culturales y sociales. Además, el énfasis en el paciente como el máximo experto en sus propias experiencias se alinea con la tendencia actual hacia la atención centrada en el paciente y el empoderamiento en la atención médica y la consejería. La Teoría Centrada en la Persona también continúa ejerciendo influencia en campos más allá de la práctica clínica, como la educación, el desarrollo del liderazgo y el comportamiento organizacional. Sus principios fundamentales de autenticidad, aceptación y comprensión empática son fundamentales para promover la comunicación efectiva, la colaboración y las prácticas inclusivas. Además, a medida que evoluciona la comprensión de la salud mental y el bienestar, el énfasis en la alianza terapéutica y el reconocimiento de la capacidad inherente del individuo para el crecimiento y la autoconciencia resuena fuertemente con los enfoques contemporáneos de la psicología positiva y el desarrollo de la resiliencia. La investigación y aplicación continuas de los enfoques centrados en la persona en diversos entornos subrayan aún más su perdurable relevancia. La integración de los principios centrados en la persona con modalidades terapéuticas innovadoras y avances tecnológicos refleja la adaptabilidad y capacidad de respuesta de esta orientación teórica a las necesidades cambiantes de las personas en el mundo moderno. A medida que la psicología continúa evolucionando y expandiéndose, los principios centrados en la persona sirven como un marco fundamental que trasciende las tendencias transitorias y ofrece una base duradera para fomentar conexiones humanas genuinas y facilitar una profunda transformación personal. En resumen, la importancia y la relevancia actual de la Teoría Centrada en la Persona son evidentes en su adaptabilidad a diversos contextos, su alineación con los paradigmas contemporáneos de cuidado y bienestar, y su impacto duradero en el crecimiento individual y la dinámica relacional.

CONTEXTO HISTÓRICO Y DESARROLLO

Fundamentos tempranos de la psicología humanista

El surgimiento de la psicología humanista marcó un cambio fundamental en el panorama del pensamiento psicológico a mediados del siglo XX. Surgió como respuesta a las limitaciones del conductismo y el psicoanálisis, paradigmas dominantes en aquel momento. Las perspectivas reduccionistas y deterministas inherentes a estos enfoques no lograron abordar adecuadamente la riqueza y complejidad de la experiencia y el potencial humanos. Pensadores y filosofías influyentes como el existencialismo, la fenomenología y la psicología de la Gestalt sentaron las bases de la psicología humanista al enfatizar la agencia individual, la experiencia subjetiva y la naturaleza holística del funcionamiento humano. Estas corrientes filosóficas desafiaron las perspectivas mecanicistas y patologizantes predominantes, allanando el camino para un enfoque más centrado en la persona para comprender el comportamiento y el bienestar humanos. El movimiento humanista buscó integrar las perspectivas de estas diversas filosofías en un marco unificado que priorizara el estudio de los valores humanos, la creatividad, el crecimiento y la búsqueda del significado personal. Esta visión integradora y expansiva contrastaba marcadamente con la orientación reduccionista y patológica del conductismo y el psicoanálisis.

Pensadores y filosofías influyentes

La psicología humanista se ha visto profundamente influenciada por las contribuciones de diversos pensadores influyentes y sus filosofías. Una de estas figuras destacadas es Abraham Maslow, cuyo marco de jerarquía de necesidades ha influido profundamente en la comprensión de la motivación y el comportamiento humanos. El énfasis de Maslow en la autorrealización y el desarrollo del potencial innato ha resonado profundamente en la tradición humanista, destacando eficazmente los aspectos aspiracionales de la experiencia humana.

Además, la filosofía existencialista de pensadores como Søren Kierkegaard, Friedrich Nietzsche y Jean-Paul Sartre ha aportado conceptos fundamentales que sustentan el enfoque humanista. La exploración de la libertad individual, la responsabilidad y la búsqueda de sentido en un mundo inherentemente incierto ha influido en la comprensión humanista de la existencia humana y el imperativo de la autonomía personal.

Además, los fundamentos filosóficos de la fenomenología, en particular la obra de Edmund Husserl y Maurice Merleau-Ponty, han contribuido al énfasis humanista en las experiencias subjetivas vividas y la importancia inherente de las percepciones e interpretaciones individuales de la realidad. Esta postura filosófica se alinea con la creencia humanista en la validez e importancia esenciales de la experiencia subjetiva de cada persona y su forma única de interactuar con el mundo.

La influencia de las tradiciones filosóficas orientales, como el budismo y el taoísmo, también ha influido profundamente en el pensamiento humanista. Los conceptos de atención plena, compasión y desapego han enriquecido la perspectiva humanista sobre el crecimiento y el bienestar humano, enfatizando la interconexión entre mente, cuerpo y espíritu.

Además, las obras de influyentes psicólogos y teóricos humanistas, como Rollo May, Erich Fromm y Carl Rogers, han desempeñado un papel fundamental en la definición de los principios fundamentales de la psicología humanista. Sus escritos sobre el amor, la libertad personal y la centralidad del individuo en el proceso terapéutico han ampliado el panorama intelectual en el que opera la psicología humanista, dando lugar a una comprensión más rica y completa de la naturaleza y el potencial humanos.

Esta confluencia de diversas perspectivas filosóficas y psicológicas subraya la naturaleza interdisciplinaria de la psicología humanista, que se nutre de una amplia gama de tradiciones intelectuales para construir un marco holístico para comprender la complejidad y profundidad de la experiencia humana.

Surgimiento de la terapia centrada en la persona

La Terapia Centrada en la Persona (TCP) representa un avance fundamental en el campo de la psicología. Fundada en los principios de la psicología humanista, la TCP buscó revolucionar los enfoques tradicionales de la práctica terapéutica. Este enfoque desafió radicalmente la filosofía imperante de la época, que a menudo se centraba en patologizar a las personas y centrarse únicamente en la reducción de síntomas. En cambio, la TCP enfatizó el potencial innato de crecimiento y autorrealización de cada persona, promoviendo una visión más holística y positiva de la naturaleza humana.

El surgimiento de la TCP se atribuye en gran medida al trabajo pionero de Carl Rogers, cuyo profundo compromiso con la comprensión del comportamiento y la experiencia humana lo impulsó a desarrollar este innovador enfoque terapéutico. Su extensa investigación y trabajo clínico contribuyeron significativamente al desarrollo y perfeccionamiento de la TCP. Mediante sus perspicaces observaciones e interacciones empáticas con sus pacientes, Rogers refinó los principios fundamentales que sustentan el enfoque centrado en la persona.

Una de las características que definieron el surgimiento de la TCP fue su alejamiento del modelo terapéutico tradicional imperante en aquel momento. Rechazando el rol del terapeuta como figura de autoridad o experto, la TCP enfatizó el concepto del terapeuta como facilitador que crea un entorno propicio para la autoexploración y el crecimiento personal del paciente. Este cambio de perspectiva sentó las bases para un enfoque transformador de la sanación, que empoderó a las personas para participar en su propio autodescubrimiento y autorrealización.

El surgimiento de la TCP marcó un cambio significativo respecto al modelo médico predominante en el tratamiento de la salud mental. En lugar de considerar a las personas desde una perspectiva patológica o deficiente, la TCP reconoció y celebró las experiencias y perspectivas únicas de cada persona. Al reconocer la capacidad individual de autodirección y la introspección, la TCP marcó el comienzo de una nueva era en la práctica terapéutica, centrada en fomentar una relación colaborativa y empoderadora entre paciente y terapeuta. Este énfasis en la colaboración y el respeto mutuo sentó las bases para un enfoque terapéutico más igualitario y democrático, lo que distinguió a la TCP como un paradigma verdaderamente revolucionario en el campo de la psicología.

Integración con los movimientos humanísticos

La psicología humanista sentó las bases para el surgimiento y la aceptación de la terapia centrada en la persona. El reconocimiento del valor intrínseco de cada persona y la creencia en su capacidad de autorrealización fueron fundamentales para los movimientos humanistas. El enfoque centrado en la persona de Carl Rogers se alineó con estos principios, al enfatizar la realidad subjetiva del cliente y la comprensión empática del terapeuta. El énfasis en la autonomía, la autodeterminación y la naturaleza holística de la experiencia humana dentro de los movimientos humanistas se alineó a la perfección con los principios fundamentales de la terapia centrada en la persona. Esta integración contribuyó a un cambio de paradigma en la comprensión del bienestar psicológico, centrándose en la experiencia subjetiva del individuo y el crecimiento personal, en lugar de la patología. La colaboración entre la terapia centrada en la persona y la psicología humanista también influyó en otros ámbitos como la educación, el desarrollo organizacional y la orientación psicológica. La aplicación de estos principios en entornos educativos condujo a enfoques de aprendizaje centrados en el estudiante, donde el énfasis se desplazó de la enseñanza didáctica tradicional al fomento del crecimiento personal y la creatividad de los estudiantes. Además, en el ámbito del desarrollo organizacional y el liderazgo, el enfoque centrado en la persona impulsó una reevaluación de las estructuras jerárquicas y los estilos de gestión autoritarios, abogando por la toma de decisiones participativa y valorando las contribuciones de los empleados. Asimismo, la influencia de la terapia centrada en la persona en las prácticas de asesoramiento trascendió el ámbito terapéutico, impulsando un cambio cultural más amplio hacia el reconocimiento y el respeto de la diversidad individual y la promoción de la inclusión. La integración con los movimientos humanistas no solo amplió el alcance de la terapia centrada en la persona, sino que también enriqueció el discurso sobre la salud mental y el bienestar al enfatizar la importancia de la autonomía personal, la autenticidad y la interconexión de las personas con sus contextos sociales y culturales.

Publicaciones clave e hitos

A medida que Carl Rogers continuó refinando y articulando sus ideas, surgieron varias obras fundamentales que dejaron una huella duradera en la trayectoria de la teoría. Una de las publicaciones más influyentes es su innovador libro "Terapia Centrada en el Cliente", publicado por primera vez en 1951. Esta obra fundamental presentó un marco integral para comprender el proceso terapéutico desde la perspectiva del cliente, enfatizando la importancia de la empatía, la consideración positiva incondicional y la congruencia para fomentar el crecimiento psicológico y el bienestar. La articulación de Rogers de las condiciones terapéuticas fundamentales sentó las bases para una mayor difusión y aplicación de los principios centrados en la persona en contextos clínicos, lo que representó un hito importante en el desarrollo de la teoría. Otro hito significativo en el avance de la teoría centrada en la persona fue la formulación de las condiciones "necesarias y suficientes" para el cambio terapéutico de la personalidad, introducidas en el artículo fundamental "Una Teoría de la Terapia, la Personalidad y las Relaciones Interpersonales" (1959). Esta contribución fundamental sentó las bases teóricas de la terapia centrada en la persona, elucidando los prerrequisitos fundamentales para facilitar el cambio constructivo en las personas. Además, la proliferación de estudios empíricos, hallazgos de investigación y discursos académicos ha desempeñado un papel vital en la consolidación de la teoría centrada en la persona como un enfoque respetado en el campo de la psicología. Entre los hitos notables en el ámbito de la investigación se incluyen la aparición de apoyo empírico a la eficacia de las intervenciones centradas en la persona en diversas poblaciones y la presentación de aplicaciones innovadoras, enriqueciendo así el marco teórico con rigor empírico y utilidad práctica. El reconocimiento de la terapia centrada en la persona como una práctica basada en la evidencia dentro del panorama psicológico más amplio representa un hito significativo, que amplifica su credibilidad y relevancia en los entornos clínicos contemporáneos.

Impacto en las prácticas psicológicas del siglo XX

Con la llegada de la psicología a la era moderna, el enfoque humanista, impulsado por Carl Rogers y otros, representó un cambio radical respecto a las perspectivas psicoanalíticas y conductistas tradicionales. El énfasis en las experiencias humanas subjetivas y el impulso innato hacia el crecimiento personal resonó entre los psicólogos que buscaban paradigmas alternativos para comprender y tratar los problemas de salud mental. Este cambio de enfoque condujo a cambios significativos en la práctica clínica, las metodologías de investigación y la formación académica. Los principios centrados en la persona desafiaron la dinámica de poder imperante entre médico y paciente, promoviendo una relación terapéutica colaborativa y empática.

En el ámbito de la práctica clínica, la influencia de la terapia centrada en la persona trascendió los entornos de terapia tradicionales y se extendió a diversos ámbitos como la educación, la atención médica y los programas de extensión comunitaria. Terapeutas y profesionales incorporaron los elementos fundamentales de la consideración positiva incondicional, la empatía y la congruencia en sus interacciones con los pacientes, fomentando un entorno de aceptación y apoyo. Además, la aplicación de enfoques centrados en la persona en la intervención en crisis, la recuperación de traumas y la terapia intercultural demostró su adaptabilidad y eficacia en diversos contextos. La naturaleza compasiva y no directiva de la terapia centrada en la persona se convirtió en sinónimo de empoderamiento, autodeterminación y bienestar holístico del paciente.

Desde una perspectiva de investigación, el auge de la psicología centrada en la persona impulsó investigaciones innovadoras sobre las experiencias subjetivas de los individuos y los factores que facilitan el crecimiento personal. Los métodos cualitativos cobraron importancia, permitiendo a los psicólogos explorar los matices de las experiencias vividas y la interacción entre las motivaciones internas y las influencias externas. Este giro cualitativo enriqueció la comprensión del desarrollo humano, las relaciones interpersonales y las complejidades del cambio terapéutico. Además, el énfasis en los resultados centrados en el paciente impulsó el desarrollo de nuevas herramientas de evaluación y medidas de resultados que encapsulaban la naturaleza holística del bienestar, más allá de la reducción de síntomas o la modificación del comportamiento.

En las instituciones académicas, la incorporación de principios centrados en la persona transformó el panorama de la formación y la educación psicológica. Los planes de estudio comenzaron a integrar enfoques de aprendizaje humanísticos y experienciales, enfatizando el cultivo de la empatía, la escucha activa y las habilidades relacionales, junto con el conocimiento teórico. Se animó a los estudiantes a encarnar las condiciones fundamentales de la terapia centrada en la persona, no solo como futuros profesionales, sino también como personas compasivas y socialmente responsables. La perdurable influencia de la pedagogía centrada en la persona es evidente en la proliferación de centros de asesoramiento dirigidos por estudiantes, grupos de apoyo entre pares e iniciativas de defensa de la salud mental en entornos universitarios.

Enfoque centrado en la persona en instituciones académicas

El enfoque centrado en la persona ha ejercido una profunda influencia en el panorama académico de la psicología y disciplinas afines dentro de las instituciones educativas. Este impacto se evidencia en la integración de los principios centrados en la persona en los métodos pedagógicos, las investigaciones y los marcos institucionales. Las instituciones académicas han adoptado los principios fundamentales de la teoría y la práctica centradas en la persona, reconociendo su valor para cultivar una comprensión holística del comportamiento y la experiencia humanos.

Un aspecto significativo del enfoque centrado en la persona en las instituciones académicas es su influencia en los procesos de enseñanza y aprendizaje. Los educadores han incorporado principios centrados en la persona en sus estrategias de enseñanza, enfatizando la importancia de crear un entorno de aprendizaje comprensivo y empático. Esto implica fomentar la comunicación abierta, reconocer las diversas perspectivas de los estudiantes y promover un ambiente libre de prejuicios que fomente la autoexploración y el crecimiento personal. Al adoptar estos principios, las instituciones académicas buscan fomentar el desarrollo de individuos integrales, dotados no solo de conocimientos académicos, sino también de autoconciencia, empatía y habilidades interpersonales.

El enfoque centrado en la persona se ha extendido a las actividades de investigación en instituciones académicas. Los investigadores han aplicado perspectivas centradas en la persona para investigar diversos fenómenos relacionados con el comportamiento humano, la salud mental y las relaciones interpersonales. Mediante investigaciones cualitativas, estudios cuantitativos y enfoques de métodos mixtos, los académicos han puesto de relieve la relevancia de los conceptos centrados en la persona para comprender las experiencias subjetivas, los resultados terapéuticos y el bienestar psicológico. Esta integración ha contribuido al avance del conocimiento en psicología y campos afines, enriqueciendo el discurso académico con perspectivas derivadas de la teoría y la práctica centradas en la persona.

Además de su impacto en la docencia y la investigación, el enfoque centrado en la persona ha influido en la cultura institucional de los entornos académicos. Reconociendo la importancia de la empatía, la autenticidad y la consideración positiva incondicional, las instituciones académicas han buscado fomentar comunidades de apoyo que prioricen el bienestar del alumnado, el profesorado y el personal. Este énfasis en los valores centrados en la persona ha llevado al establecimiento de servicios de asesoramiento, programas de apoyo entre pares e iniciativas que promueven la concienciación sobre la salud mental. Asimismo, las instituciones académicas han comenzado a integrar prácticas centradas en la persona en sus políticas administrativas, buscando crear una ética organizacional inclusiva y compasiva que resuene con los principios fundamentales de la teoría centrada en la persona.

Conceptos en evolución a finales del siglo XX

A finales del siglo XX se profundizó en los principios fundamentales de la empatía, la consideración positiva incondicional y la congruencia en la práctica terapéutica, así como en su aplicación más allá de los entornos clínicos tradicionales. El concepto de empatía, siempre central en el enfoque centrado en la persona, se sometió a un análisis más profundo, lo que condujo a una comprensión más sofisticada de su papel en el fomento del crecimiento y el autodescubrimiento del paciente. Los terapeutas reconocieron cada vez más la importancia no solo de comprender la perspectiva del paciente, sino también de transmitir esa comprensión eficazmente, de forma que resonara con su experiencia.

La noción de consideración positiva incondicional se integró aún más en diversos aspectos de la interacción humana, trascendiendo los confines de las consultas de terapia. Este cambio de perspectiva enfatizó la creencia humanista en la bondad innata de las personas y buscó orientar las relaciones interpersonales en diversos contextos culturales y sociales. En el ámbito de la terapia, los profesionales comenzaron a explorar métodos para encarnar y comunicar la consideración positiva incondicional de forma más holística, reconociendo su potencial para facilitar la conexión auténtica y la sanación emocional.

Paralelamente a estos cambios, el concepto de congruencia cobró nueva importancia a finales del siglo XX, a medida que los terapeutas se enfrentaban a las complejidades de aceptar su identidad genuina dentro de la relación terapéutica. Este período presenció un mayor reconocimiento de la autenticidad del terapeuta como catalizador del crecimiento centrado en el cliente, desafiando las nociones previas de neutralidad y profesionalismo distante. Los terapeutas asumieron cada vez más su propia vulnerabilidad y humanidad como parte integral de la presencia empática y genuina necesaria para una interacción eficaz con el cliente, transformando así la dinámica del encuentro terapéutico.

Además, a finales del siglo XX también se presenció un creciente énfasis en la aplicación de los principios centrados en la persona en entornos no clínicos, como la educación, el desarrollo organizacional y la defensa comunitaria. El reconocimiento de la relevancia universal de los valores humanísticos impulsó la integración de enfoques centrados en la persona en diversos campos, promoviendo un mayor impacto social y abogando por fundamentos relacionales y empáticos en diversos ámbitos.

PRINCIPIOS CENTRALES

Naturaleza humana y motivación

1. Introducción a la naturaleza humana:

La naturaleza humana, en el marco de la teoría centrada en la persona, es un complejo entramado de cualidades intrínsecas que configuran las experiencias e interacciones individuales. En el corazón de este constructo se encuentra la tendencia inherente de las personas a buscar la autorrealización y el crecimiento personal. Las características fundamentales que definen la naturaleza humana en el contexto de la teoría centrada en la persona incluyen un impulso innato hacia la autonomía, la capacidad de autorreflexión y la necesidad de consideración positiva y empatía por parte de los demás. Además, el concepto de congruencia, o alineación entre las experiencias internas y las expresiones externas, desempeña un papel fundamental en la comprensión de la naturaleza humana desde esta perspectiva teórica. Al reconocer el valor y la dignidad inherentes de cada individuo, la teoría centrada en la persona postula que los seres humanos poseen una inclinación innata a alcanzar su máximo potencial. Esta comprensión de la naturaleza humana sirve como piedra angular para reconocer y respetar las experiencias y perspectivas únicas de cada persona dentro del proceso terapéutico. Además, subraya la creencia de que las personas están inherentemente motivadas a avanzar hacia una mayor autocomprensión y bienestar psicológico. Como tal, una exploración exhaustiva de la naturaleza humana a través de la lente de la teoría centrada en la persona subraya el deseo profundo de autenticidad, conexiones significativas y realización personal.

2. Fundamentos filosóficos:

Al profundizar en este tema, es esencial considerar las perspectivas históricas que han moldeado nuestra comprensión de la naturaleza humana a través de diversos movimientos filosóficos.

Desde el énfasis de los antiguos griegos en la racionalidad humana hasta el enfoque de los existencialistas en la libertad y la elección individual, estas corrientes filosóficas han contribuido significativamente al discurso sobre la naturaleza humana. Además, la influencia de las filosofías orientales, como el taoísmo y el budismo, ofrece perspectivas alternativas sobre la naturaleza fundamental de la existencia humana, enfatizando la interconexión y la impermanencia. Estas diversas perspectivas filosóficas proporcionan un rico entramado desde el cual enmarcar nuestra comprensión de la naturaleza y la motivación humanas. Asimismo, la intersección de la filosofía con la psicología, particularmente en las obras de pensadores fenomenológicos como Edmund Husserl y Martin Heidegger, ha profundizado nuestra reflexión sobre la experiencia subjetiva y la estructuración de la conciencia. Esta indagación filosófica se extiende más allá del mero discurso académico y sirve como catalizador para explorar cuestiones fundamentales sobre la naturaleza del ser, la existencia y las motivaciones innatas que impulsan el comportamiento humano. Además, los fundamentos filosóficos de la naturaleza humana también abarcan consideraciones éticas y marcos morales que configuran nuestra comprensión de las motivaciones de los individuos y las sociedades. El análisis de las teorías éticas de la ética de la virtud, la deontología y el consecuencialismo proporciona una perspectiva para examinar las motivaciones subyacentes a las acciones y decisiones humanas. Nos impulsa a comprender la interacción entre los valores personales, las normas sociales y la búsqueda de bienes intrínsecos.

3. Consideraciones biológicas:

En un nivel fundamental, el cerebro humano y sus procesos neurológicos asociados influyen considerablemente en los pensamientos, sentimientos y acciones de un individuo. La red de neurotransmisores, hormonas y vías neuronales contribuye a la regulación de las emociones, la cognición y las respuestas conductuales. Comprender la interacción entre la biología y el comportamiento proporciona información valiosa sobre las complejidades de la naturaleza humana.

Las predisposiciones genéticas y los factores hereditarios también merecen atención al examinar la naturaleza y la motivación humanas. Las variaciones genéticas pueden influir en el temperamento, los rasgos de personalidad y la susceptibilidad de un individuo a ciertas enfermedades mentales. Explorar las bases genéticas del comportamiento humano contribuye a una comprensión holística de los individuos dentro del marco centrado en la persona.

Además de la genética y la neurobiología, el sistema nervioso autónomo (SNA) desempeña un papel fundamental en la regulación de las respuestas fisiológicas a los estímulos ambientales. La interacción entre las ramas simpática y parasimpática del SNA influye en la excitación, la reactividad emocional y las respuestas al estrés, todo lo cual tiene implicaciones para la motivación y el comportamiento humanos. Comprender las bases biológicas del estrés y la excitación ayuda a comprender cómo responden las personas a diversas intervenciones terapéuticas.

Cabe destacar que el concepto de corporización —la integración de las experiencias corporales con los procesos emocionales y cognitivos— también es fundamental en la terapia centrada en la persona. La cognición corporizada enfatiza la conexión inseparable entre el cuerpo y la mente. Explorar la interacción entre los procesos biológicos, las experiencias subjetivas y los impulsos motivacionales arroja luz sobre la importancia de la conciencia somática y las sensaciones corporales en el contexto terapéutico.

La investigación contemporánea en epigenética destaca la interacción dinámica entre las predisposiciones genéticas y las influencias ambientales. El epigenoma, que regula la expresión génica, responde a las señales y experiencias ambientales, moldeando así la constitución psicológica y las tendencias conductuales de un individuo. Este campo emergente subraya la interacción entre la naturaleza y la crianza, y enfatiza la necesidad de considerar tanto los factores biológicos como los ambientales para comprender la naturaleza y la motivación humanas.

4. Perspectivas psicológicas:

Al profundizar en el campo de la psicología, se hace evidente que diversos marcos teóricos contribuyen a nuestra comprensión de la cognición, la emoción y la conducta humanas. Una de estas perspectivas fundamentales es la teoría psicodinámica, que postula que los impulsos y experiencias inconscientes de la primera infancia influyen significativamente en las motivaciones y acciones de un individuo. Esta perspectiva enfatiza la interacción entre las motivaciones conscientes e inconscientes, instándonos a desentrañar las complejidades de la mente humana. Asimismo, la perspectiva cognitivo-conductual enfatiza la influencia de los patrones de pensamiento, las creencias y el condicionamiento en la conducta humana. Al explorar cómo los individuos perciben, procesan y responden a los estímulos internos y externos, esta perspectiva arroja luz sobre la naturaleza multifacética de la motivación. Asimismo, la perspectiva humanista, particularmente relevante para la teoría centrada en la persona, se centra en el potencial inherente de crecimiento y autorrealización de cada individuo. Esta perspectiva subraya la importancia de la autonomía personal, las experiencias subjetivas y la búsqueda de metas significativas en la configuración de los procesos motivacionales. Además, la perspectiva evolutiva llama la atención sobre los mecanismos adaptativos que sustentan la motivación humana, destacando cómo las presiones evolutivas han dado forma a nuestras inclinaciones conductuales y procesos de toma de decisiones.

5. El autoconcepto:

El autoconcepto es un aspecto fundamental de la naturaleza humana, que abarca la percepción que cada individuo tiene de sí mismo en diversas áreas, como las físicas, sociales, emocionales e intelectuales. Comprender el autoconcepto es esencial en el contexto de la terapia centrada en la persona, ya que moldea las experiencias, los comportamientos y las interacciones del individuo. A lo largo de la vida, las personas desarrollan un autoconcepto basado en sus experiencias, la retroalimentación de los demás, las influencias sociales y las reflexiones personales. El autoconcepto sirve como marco cognitivo a través del cual las personas interpretan y dan sentido al mundo que las rodea. Además, influye en cómo las personas perciben sus habilidades, su valor y su potencial de crecimiento. Es importante destacar que el autoconcepto no es estático; evoluciona con el tiempo en respuesta a los acontecimientos de la vida, las nuevas experiencias y la introspección. Los terapeutas centrados en la persona reconocen la importancia de comprender el autoconcepto de sus clientes, ya que influye directamente en sus perspectivas, motivaciones y respuestas a las intervenciones terapéuticas. Al comprender cómo se perciben los clientes, los terapeutas pueden adaptar eficazmente su enfoque para alinearse con su autoconcepto único, fomentando un entorno terapéutico de apoyo y empatía. Además, explorar las discrepancias entre el Yo ideal de un individuo (aspiraciones y metas) y su yo percibido (atributos y experiencias reales) proporciona información valiosa sobre los conflictos internos y las fuentes de angustia del cliente. Comprender la interacción dinámica entre los diferentes componentes del autoconcepto, como la autoestima, la autoeficacia y la autoimagen, permite a los terapeutas abordar colaborativamente las incongruencias y facilitar el crecimiento personal. Asimismo, reconocer la influencia de los factores sociales y culturales en el desarrollo y mantenimiento del autoconcepto contribuye a una comprensión holística de las experiencias del cliente. Los terapeutas centrados en la persona se esfuerzan por crear un espacio libre de juicios y de aceptación para que los clientes exploren y reconcilien cualquier discrepancia en su autoconcepto, empoderándolos para alinearse con su yo auténtico y buscar la congruencia.

6. Teorías motivacionales en contexto:

La motivación es una fuerza compleja que sustenta el comportamiento humano, impulsando a las personas a actuar y perseguir sus objetivos. En el estudio de la psicología, se han postulado numerosas teorías para comprender la naturaleza de la motivación y su impacto en la vida humana. Una de las teorías destacadas que sustenta nuestra comprensión de la motivación es la Jerarquía de Necesidades de Maslow. Según esta teoría, las motivaciones humanas se organizan en un orden jerárquico, con las necesidades fisiológicas básicas formando la base, seguidas por la seguridad, el amor y la pertenencia, la estima y la autorrealización en la cúspide. Además, la Teoría de la Autodeterminación (SDT) enfatiza el papel de la motivación intrínseca y extrínseca en la configuración del comportamiento. SDT sugiere que las personas están motivadas no solo por recompensas externas, sino también por la satisfacción inherente derivada de participar en una actividad. Otra teoría influyente es la Teoría de la Expectativa, que postula que las personas están motivadas a actuar con base en su expectativa de lograr resultados deseables. Esta teoría destaca la importancia de la expectativa percibida de esfuerzo-rendimiento, la expectativa de rendimiento-resultado y la valencia para determinar la motivación de un individuo para alcanzar una meta específica. Además, la Teoría del Establecimiento de Metas afirma que las metas específicas y desafiantes pueden mejorar significativamente la motivación y el rendimiento individual. Al establecer objetivos claros y proporcionar retroalimentación, se anima a las personas a esforzarse por alcanzar el logro. Al profundizar en estas teorías, se hace evidente que la motivación es un constructo multifacético influenciado por diversos factores internos y externos.

7. Motivación intrínseca versus extrínseca:

La motivación intrínseca se refiere al impulso interno de una persona para participar en una actividad por la satisfacción inherente que proporciona, sin recompensas ni incentivos externos. Esta forma de motivación suele provenir del disfrute personal, la curiosidad o una sensación de logro. Por el contrario, la motivación extrínseca implica participar en una actividad para obtener una recompensa externa o evitar un castigo, en lugar de obtener placer de la actividad en sí. Si bien ambas formas de motivación pueden influir en el comportamiento, los procesos subyacentes y los resultados asociados a cada una difieren significativamente. Comprender la interacción entre estas motivaciones es crucial en diversos ámbitos, como la educación, el entorno laboral y la psicoterapia. Los investigadores han profundizado en los mecanismos que rigen la motivación intrínseca y extrínseca, arrojando luz sobre su impacto en el rendimiento individual, la creatividad y el bienestar general. Los estudios indican que las tareas impulsadas por la motivación intrínseca suelen asociarse con mayores niveles de persistencia, creatividad y calidad del rendimiento, ya que las personas experimentan una auténtica sensación de autonomía y autoexpresión. Por el contrario, depender únicamente de motivadores extrínsecos puede reducir la motivación intrínseca, lo que podría disminuir el interés y la pasión genuinos que las personas sentían por una actividad. En el contexto terapéutico, distinguir entre motivadores intrínsecos y extrínsecos puede guiar a los profesionales a la hora de adaptar las intervenciones para fomentar un crecimiento interno genuino y un cambio conductual sostenido. Al comprender estas fuerzas motivacionales, los terapeutas pueden trabajar para empoderar a los clientes a reconectar con sus impulsos intrínsecos, promoviendo una mayor sensación de realización, autodeterminación y progreso sostenible.

8. Motivación humana y cambio de comportamiento:

La motivación humana abarca una interacción de factores intrínsecos y extrínsecos que influyen en las acciones y decisiones de los individuos. Comprender la motivación humana es crucial para los terapeutas que emplean la teoría centrada en la persona para facilitar cambios significativos en la vida de sus pacientes.

En el centro de la motivación humana reside el deseo intrínseco de crecimiento personal, realización personal y la búsqueda de metas significativas. Por el contrario, los motivadores extrínsecos, como las recompensas externas, las presiones sociales o las expectativas impuestas, también pueden influir significativamente en el comportamiento. Reconocer y diferenciar estas fuerzas motivacionales es esencial para guiar eficazmente a las personas hacia transformaciones positivas.

El cambio de comportamiento está intrínsecamente ligado a las motivaciones, ya sean impulsos internos o incentivos externos. A medida que las personas se embarcan en el proceso de autoexploración e intervenciones terapéuticas, comprender la interconexión entre la motivación y el cambio de comportamiento se vuelve fundamental. Al fomentar un entorno que fomente la motivación intrínseca y alinearla con las aspiraciones de los clientes, los terapeutas pueden impulsar transformaciones sostenibles y genuinas.

Los terapeutas deben gestionar las complejidades de la motivación humana para empoderar a sus clientes y lograr cambios conductuales duraderos. Aprovechar los conocimientos de las teorías motivacionales, como la teoría de la autodeterminación y la teoría de las metas de logro, proporciona un marco para comprender los diversos determinantes de la motivación humana. Al reconocer la individualidad de los impulsores motivacionales, los terapeutas pueden adaptar las intervenciones a las aspiraciones y valores únicos de los clientes.

Explorar las complejidades de la motivación humana revela la importancia de la autonomía, la competencia y la conexión como necesidades psicológicas fundamentales. Involucrarse en estos elementos esenciales no solo fomenta la motivación intrínseca, sino que también actúa como catalizador para promover un cambio conductual sostenido. Los terapeutas deben esforzarse por cultivar un entorno que reconozca y apoye estas necesidades psicológicas, fomentando así un sentido de autonomía y empoderamiento en los pacientes.

9. El papel de la autorrealización:

La autorrealización, un concepto popularizado por el psicólogo humanista Abraham Maslow, representa la cúspide del desarrollo y el potencial humano. Es el proceso de alcanzar y desarrollar el propio potencial, encarnando los valores personales y buscando el crecimiento y la plenitud. En el contexto de la terapia centrada en la persona, la autorrealización cobra una inmensa importancia, ya que se alinea con los principios fundamentales de empoderar a las personas para que alcancen su máximo potencial y lleven una vida plena. El camino hacia la autorrealización implica una profunda exploración del ser interior, incluyendo los aspectos emocionales, intelectuales y espirituales, que culmina en la expresión de los talentos y habilidades únicos de cada uno. Carl Rogers, pionero de la teoría centrada en la persona, enfatizó el impulso innato de cada individuo para alcanzar su potencial y alcanzar un estado de plenitud. Un aspecto central de este concepto es la idea de que las personas poseen una motivación intrínseca para crecer y evolucionar, buscando la autenticidad y la plenitud en sus vidas. A través del proceso terapéutico, facilitar la autorrealización implica crear un espacio seguro y sin prejuicios que fomenta el autodescubrimiento, la reflexión personal y la exploración de creencias y aspiraciones fundamentales. Los terapeutas animan a los clientes a identificar y perseguir sus pasiones, valores y metas de vida, ayudándolos a alinearse con su verdadera esencia y propósito. Al promover la autoconciencia, la autonomía y la autorresponsabilidad, las personas se empoderan para tomar las riendas de su camino de crecimiento personal, lo que conduce a un mayor bienestar y una sensación de plenitud. Además, el concepto de autorrealización trasciende los límites del entorno terapéutico y se extiende a diversas facetas de la vida de una persona, incluyendo las relaciones, la carrera profesional y las elecciones generales de estilo de vida. Desde una perspectiva centrada en la persona, fomentar la autorrealización implica reconocer y respetar las experiencias y perspectivas únicas de cada individuo, proporcionando un entorno de apoyo que fomenta el desarrollo personal y la autoexpresión. A medida que los clientes se esfuerzan por alcanzar su potencial, el terapeuta actúa como un colaborador compasivo, guiándolos hacia una mayor autocomprensión, acciones con propósito y la realización de sus aspiraciones más profundas. En definitiva, la búsqueda de la autorrealización en el contexto de la terapia centrada en la persona promueve el crecimiento holístico, la resiliencia y una profunda conexión con el Yo auténtico.

El papel del cliente en la terapia

1. Introducción a la dinámica centrada en el cliente:

A lo largo de la evolución histórica de la psicoterapia, se ha producido un cambio significativo en la comprensión de la importancia de la participación activa del paciente en el proceso terapéutico. Este cambio representa una ruptura con los modelos terapéuticos tradicionales, que a menudo posicionaban al terapeuta como el experto con el control principal sobre la experiencia terapéutica. El surgimiento de dinámicas centradas en el paciente marca un cambio paradigmático hacia el reconocimiento del paciente como un individuo autónomo con capacidad intrínseca para la autocomprensión y el crecimiento personal dentro del entorno terapéutico. Por ello, es fundamental reconocer la evolución del rol del paciente en la terapia como reflejo de cambios sociales más amplios, incluyendo cambios en las dinámicas de poder, el énfasis en la autonomía individual y el reconocimiento de la diversidad de experiencias vividas. Esta evolución histórica demuestra un movimiento hacia el empoderamiento de los pacientes como participantes activos en su propio proceso de sanación, contribuyendo a una relación terapéutica más equitativa y colaborativa. Además, el reconocimiento de la perspectiva y autonomía únicas del paciente se alinea con los esfuerzos contemporáneos por promover la inclusividad y la diversidad en los entornos terapéuticos, enfatizando la importancia de la sensibilidad cultural, la interseccionalidad y la validación de la diversidad de experiencias vividas. Al comprender la evolución histórica del rol del cliente en la terapia, podemos comprender el profundo impacto de la dinámica centrada en el cliente en la conformación de las prácticas terapéuticas modernas y subrayar la importancia de fomentar un entorno terapéutico que valore y respete la voz y la capacidad de acción únicas del cliente.

2. Evolución histórica del rol del cliente:

A lo largo de la evolución histórica de la terapia, el rol del cliente ha experimentado una transformación significativa. En los inicios de la psicoterapia, los clientes solían ser vistos como receptores pasivos del consejo de expertos, con una mínima participación en el proceso terapéutico. Este enfoque, caracterizado por una figura dominante del terapeuta y un cliente sumiso, reflejaba las actitudes predominantes hacia la autoridad y la experiencia en el campo.

A medida que el campo progresó, en particular con el surgimiento de la terapia centrada en la persona de Carl Rogers, se produjo un cambio notable hacia el reconocimiento del papel activo del cliente en el encuentro terapéutico. Rogers enfatizó la capacidad innata de las personas para dirigir su propio crecimiento y sanación, desafiando así las dinámicas de poder tradicionales dentro de la relación terapéutica.

Este cambio de paradigma sentó las bases para un enfoque terapéutico más colaborativo e igualitario, donde la experiencia subjetiva, los valores y los objetivos del cliente adquirieron una importancia primordial. La evolución histórica del rol del cliente implica, por lo tanto, un alejamiento de los modelos terapéuticos paternalistas hacia un marco más democrático y empoderador que reconoce al cliente como experto en su propia experiencia.

La proliferación de diversas modalidades terapéuticas ha influido aún más en la trayectoria histórica del rol del cliente. Por ejemplo, los enfoques cognitivo-conductuales subrayan la capacidad de acción del cliente para reestructurar patrones de pensamiento y comportamientos desadaptativos. De igual manera, la terapia narrativa sitúa al cliente en primer plano como coautor de su historia de vida, posicionándolo como participante activo en la reescritura de su narrativa.

La evolución del rol del cliente también está ligada a cambios sociales y culturales más amplios. Con un énfasis creciente en la autonomía y el empoderamiento individual, hoy en día es más probable que los clientes busquen terapia con un sentido de autonomía, esperando desempeñar un papel activo en la configuración de su proceso terapéutico. Además, la continua desestigmatización de los problemas de salud mental ha animado a los clientes a hacer valer sus derechos y preferencias dentro del ámbito terapéutico.

3. Autonomía del cliente en entornos terapéuticos:

En entornos terapéuticos, el concepto de autonomía del cliente representa su derecho a tomar decisiones sobre su propio bienestar y la dirección de su terapia. Encarna el principio fundamental de la terapia centrada en la persona, enfatizando la capacidad del individuo para explorar sus experiencias y determinar el rumbo de su propio crecimiento. La autonomía del cliente se basa en la creencia de que las personas poseen un impulso innato hacia la autorrealización y que son los expertos de sus propias vidas. Además, reconoce su capacidad para tomar decisiones informadas y asumir la responsabilidad de sus acciones dentro del proceso terapéutico. En este marco, los terapeutas actúan como facilitadores, proporcionando un entorno propicio para que los clientes ejerzan su autonomía, a la vez que ofrecen perspectivas y comprensión. Este enfoque no solo fomenta el empoderamiento, sino que también reconoce la dignidad y el valor inherentes de cada cliente. Al esforzarse por defender la autonomía del cliente, los terapeutas reconocen la importancia de la comunicación transparente y la toma de decisiones colaborativa. Al involucrar activamente a los clientes en el proceso terapéutico, los terapeutas respetan sus perspectivas, valores y preferencias, lo que en última instancia amplifica la efectividad del proceso terapéutico. Además, la autonomía del cliente se extiende más allá de la mera toma de decisiones; Abarca la libertad de expresar emociones, creencias y aspiraciones sin temor a juicios ni imposiciones. Esta libertad crea un espacio donde los clientes se sienten verdaderamente escuchados y valorados, fomentando un clima de confianza y apertura. Aceptar la autonomía del cliente requiere que los terapeutas evalúen y aborden continuamente las diferencias de poder, asegurando que la relación terapéutica se mantenga equilibrada y respetuosa. Al fomentar la autonomía, los terapeutas reafirman su compromiso de crear un entorno no coercitivo que promueva la autonomía y la autodeterminación del cliente.

4. Condiciones facilitadoras que promueven la participación del cliente:

En el contexto de la terapia, promover la participación del cliente es una tarea multifacética que requiere una cuidadosa consideración de diversas condiciones facilitadoras. En primer lugar, es esencial crear un entorno donde los clientes se sientan bienvenidos y valorados. Esto implica cultivar un espacio que fomente la apertura, la confianza y el respeto, permitiendo que los clientes se expresen libremente sin temor a juicios ni críticas. Además, la escucha activa y la comprensión empática son fundamentales para facilitar la participación del cliente. Mediante una escucha atenta y sin prejuicios, los terapeutas pueden demostrar una comprensión genuina de las experiencias de sus clientes, validando así sus emociones y pensamientos.

Reconocer la autonomía y la capacidad de decisión del cliente durante el proceso terapéutico es fundamental. Al involucrar a los clientes en la definición colaborativa de objetivos y la planificación del tratamiento, los terapeutas transmiten que su voz tiene un peso significativo en la construcción de su camino hacia el crecimiento y la sanación. Esta postura colaborativa empodera a los clientes, inculcándoles un sentido de pertenencia y responsabilidad en su propio progreso.

Establecer canales de comunicación claros y transparentes mejora la participación del cliente. Esto implica proporcionar información sobre el proceso terapéutico, las intervenciones y los posibles resultados de forma comprensible, lo que permite que los clientes se sientan informados e involucrados en su tratamiento. Además, la retroalimentación oportuna y constructiva refuerza la participación activa de los clientes y fomenta el diálogo continuo sobre sus necesidades y aspiraciones cambiantes.

Además, promover una cultura de inclusión y diversidad en los espacios terapéuticos es crucial para fomentar la participación del cliente. Reconocer y respetar los antecedentes, creencias y perspectivas únicos de cada cliente no solo valida su identidad individual, sino que también enriquece la dinámica terapéutica. Crear un ambiente que celebre la diversidad y la sensibilidad cultural promueve una mayor implicación del cliente en el proceso terapéutico, ya que se siente realmente comprendido y representado.

Finalmente, infundir esperanza y optimismo mediante la confianza en la capacidad del cliente para superar sus desafíos es una condición facilitadora poderosa para promover su compromiso. Los terapeutas que transmiten confianza en la capacidad de crecimiento y cambio de sus clientes inspiran confianza y motivación, fomentando un sentido de propósito y determinación en el cliente. Esta actitud positiva puede catalizar su compromiso con el proceso terapéutico, fomentando un compromiso sostenido y resiliencia.

5. Contribuciones del cliente a los resultados de la terapia:

Las contribuciones activas del cliente, incluyendo su nivel de compromiso, apertura y disposición a la autorreflexión, influyen significativamente en los resultados de la terapia. Al participar activamente en la relación terapéutica, los clientes pueden facilitar una exploración más profunda de sus pensamientos, emociones y experiencias, lo que conduce a reflexiones significativas y a un crecimiento personal.

Las contribuciones del cliente van más allá de la mera participación; abarcan su capacidad para cocrear un entorno seguro y enriquecedor dentro del entorno terapéutico. Mediante la autoexpresión genuina y un diálogo abierto, el cliente puede sentar las bases de la confianza y la colaboración con el terapeuta, elementos esenciales para fomentar una alianza terapéutica propicia. Esta colaboración entre cliente y terapeuta sirve como catalizador para empoderar al cliente a explorar su potencial intrínseco y alcanzar una mayor autoconciencia y plenitud.

La capacidad del cliente para participar activamente en el proceso terapéutico permite que surjan sus fortalezas, recursos y sabiduría inherentes. La terapia centrada en la persona reconoce al cliente como experto en sus propias experiencias, enfatizando su capacidad innata para el crecimiento personal y el cambio autodirigido. Por lo tanto, la participación activa del cliente en la terapia le permite aprovechar su reserva de resiliencia, creatividad y capacidades adaptativas, lo que, en última instancia, influye en la trayectoria y los resultados de su proceso terapéutico.

Al asumir un rol activo en el contexto terapéutico, los clientes pueden expresar eficazmente sus necesidades, preferencias y aspiraciones, moldeando así los objetivos y la dirección de su tratamiento. Mediante una comunicación transparente y una exploración introspectiva, los clientes pueden alinear sus expectativas y objetivos con el marco general de la terapia centrada en la persona, asegurando que el proceso terapéutico se mantenga en sintonía con sus necesidades y valores individuales.

6. Expectativas y objetivos del cliente:

En el proceso terapéutico, es fundamental que el consejero comprenda a fondo las expectativas y objetivos del cliente. Esto se alinea con el principio fundamental de la terapia centrada en la persona, que enfatiza la importancia de centrarse en las experiencias y perspectivas subjetivas del cliente. Al escuchar con empatía y demostrar una consideración positiva incondicional, el consejero puede crear un espacio seguro para que el cliente exprese sus expectativas y aspiraciones. A menudo, los clientes comienzan la terapia con ideas preconcebidas sobre lo que esperan lograr, y es crucial que el consejero explore y valide estas aspiraciones. Comprender las expectativas del cliente implica profundizar en sus deseos, miedos y objetivos a largo plazo. Requiere explorar experiencias pasadas, desafíos actuales y aspiraciones futuras, lo que permite al consejero comprender mejor los valores, creencias e identidad personal del cliente. A través de esta exploración, el cliente puede sentirse validado y comprendido, fomentando un sentido de confianza y compenetración dentro de la relación terapéutica. Además, el conocimiento que el consejero tiene de las expectativas del cliente permite establecer objetivos terapéuticos claros y alcanzables. Trabajando en colaboración, el consejero y el cliente pueden crear conjuntamente objetivos coherentes con los valores y ambiciones del cliente.

7. Dinámica de poder en la terapia:

En la relación terapéutica, el concepto de dinámica de poder desempeña un papel fundamental en la configuración de las interacciones entre el terapeuta y el cliente. El equilibrio de poder es crucial para fomentar un entorno de confianza, respeto y colaboración. Un aspecto clave de la terapia centrada en la persona consiste en crear un espacio donde el cliente se sienta empoderado para expresarse libremente y sin juicios. Esta noción desafía fundamentalmente las perspectivas tradicionales sobre las diferencias de poder en los entornos terapéuticos. Los terapeutas tienen la tarea de reconocer y gestionar su posición inherente de autoridad, a la vez que promueven un sentido de igualdad y compañerismo con el cliente.

El proceso de equilibrar las dinámicas de poder comienza reconociendo que el cliente es el experto en sus propias experiencias y emociones. Al adoptar un enfoque no directivo, los terapeutas abandonan la típica postura autoritaria de otras modalidades terapéuticas. En cambio, actúan como facilitadores, guiando al cliente hacia la autoexploración y el crecimiento personal. Además, los terapeutas escuchan atentamente las narrativas del cliente, valorando sus perspectivas y perspectivas únicas. Este intercambio igualitario fomenta un entorno de apoyo y empoderamiento donde el cliente se siente escuchado y comprendido.

Otro componente vital para abordar las diferencias de poder es fomentar la transparencia y la apertura en la relación terapéutica. Los clientes deben estar informados sobre la naturaleza del proceso terapéutico, incluyendo sus derechos, los límites de la confidencialidad y las funciones y responsabilidades de ambas partes. Esta transparencia infunde en el cliente un sentido de autonomía y control, contribuyendo a una distribución más equilibrada del poder. Además, involucrar a los clientes en la toma de decisiones sobre su plan de tratamiento y sus objetivos impulsa la dinámica hacia una relación colaborativa.

Es fundamental que los terapeutas reflexionen continuamente sobre su propio uso del poder y los privilegios en el contexto terapéutico. Ser consciente de los sesgos personales, las suposiciones y las influencias sociales es crucial para evitar imponer los propios valores al paciente. Además, explorar el impacto de los factores culturales, sociales y sistémicos en las dinámicas de poder puede mejorar la sensibilidad de los terapeutas hacia los diversos orígenes y experiencias de sus pacientes.

En definitiva, el equilibrio armonioso de las dinámicas de poder en la terapia es sinónimo de los principios fundamentales de la teoría centrada en la persona: aceptación, empatía y autenticidad. Cuando se respetan estos principios, el espacio terapéutico se convierte en un refugio donde las personas pueden embarcarse en un viaje de autodescubrimiento y sanación, libres de las limitaciones de las dinámicas de poder desequilibradas.

8. Retroalimentación del cliente y su impacto en el progreso terapéutico:

La retroalimentación del cliente es un elemento fundamental en el proceso de progreso terapéutico dentro de la terapia centrada en la persona. A medida que el cliente entabla un diálogo continuo con el terapeuta, este aporta valiosas perspectivas sobre sus experiencias, emociones y cambios cognitivos. Este intercambio recíproco de información no solo fomenta una comprensión más profunda de su mundo interior, sino que también desempeña un papel crucial en la definición de la trayectoria terapéutica. Al obtener activamente y escuchar atentamente la retroalimentación del cliente, los terapeutas obtienen una perspectiva más clara sobre la eficacia de las intervenciones, las necesidades cambiantes del cliente y la dinámica general de la relación terapéutica. Analizar e incorporar la retroalimentación del cliente en el marco terapéutico puede conducir a intervenciones personalizadas y receptivas que se alinean estrechamente con sus objetivos y aspiraciones. Además, los canales de comunicación abiertos que se establecen a través de este proceso contribuyen significativamente a generar confianza y empatía, componentes vitales para el éxito de los resultados terapéuticos. Cuando los clientes se sienten escuchados y validados, es más probable que participen activamente en su propia autoexploración y logren avances significativos hacia el crecimiento personal. Además, la retroalimentación del cliente actúa como un espejo que refleja el impacto de las intervenciones terapéuticas, arrojando luz sobre áreas de progreso, desafíos y posibles vías de exploración. Este proceso reflexivo no solo empodera al cliente para que se responsabilice de su proceso terapéutico, sino que también permite a los terapeutas perfeccionar su enfoque, impulsando el proceso terapéutico hacia una mayor eficacia. En definitiva, la retroalimentación del cliente se convierte en una fuerza colaborativa que impulsa la alianza terapéutica, fomentando un entorno donde tanto el cliente como el terapeuta trabajan en sinergia para impulsar un cambio positivo.

9. El potencial transformador de la participación del cliente:

A través de la participación activa y la colaboración, los clientes se empoderan para explorar su interior, afrontar desafíos y abrazar el crecimiento personal. Fundamentalmente, la participación del cliente fomenta un sentido de pertenencia y autonomía dentro del contexto terapéutico. Al participar activamente en el proceso terapéutico, los clientes asumen un rol proactivo en la construcción de sus narrativas y la definición de la trayectoria de su desarrollo personal. Este sentido de empoderamiento infunde un mayor compromiso e implicación en el proceso terapéutico, lo que resulta en una mayor motivación y perseverancia.

La participación del cliente sirve como catalizador para el autodescubrimiento y la autorrealización. A medida que reflexionan activamente sobre sus experiencias, emociones y aspiraciones, obtienen perspectivas profundas que allanan el camino hacia la transformación personal. Esta exploración introspectiva anima a los clientes a replantear sus perspectivas, desarrollar estrategias de afrontamiento y desarrollar una resiliencia renovada para superar los desafíos de la vida.

La participación del cliente facilita un intercambio dinámico de perspectivas y soluciones cocreadas. La colaboración entre el cliente y el terapeuta fomenta un entorno donde convergen diversos puntos de vista, ideas innovadoras y fortalezas únicas para trazar un camino holístico hacia la sanación y el crecimiento. Esta alianza sinérgica eleva el proceso terapéutico, abriendo nuevas vías para el progreso personal y el cambio transformador.

Además, la participación del cliente fomenta un profundo sentido de responsabilidad y compromiso en el proceso terapéutico. Los clientes que participan activamente en el proceso se responsabilizan de su progreso, fomentando así un mayor compromiso y dedicación para lograr un cambio positivo. Esta participación activa infunde un mayor sentido de propiedad sobre los resultados, fomentando un impacto duradero que trasciende los límites del entorno terapéutico.

En definitiva, el potencial transformador de la participación del cliente reside en su capacidad para catalizar cambios profundos en la perspectiva, el comportamiento y el bienestar general. Al asumir un rol activo en su proceso terapéutico, los clientes liberan su poder transformador interior, emprendiendo un camino hacia el autoempoderamiento, la resiliencia y el crecimiento auténtico.

El principio de congruencia

1. Congruencia dentro de la teoría centrada en la persona:

La congruencia es un concepto fundamental dentro de la teoría centrada en la persona, que abarca la alineación entre las experiencias internas de un individuo y su expresión de dichas experiencias. En el contexto terapéutico, la congruencia se refiere a la capacidad del terapeuta para presentarse de forma genuina y transparente dentro de la relación terapéutica, permitiendo que sus pensamientos, emociones y comportamientos estén en armonía con su verdadero yo. Esta autenticidad allana el camino para una conexión más profunda entre el terapeuta y el paciente, fomentando un entorno propicio para el crecimiento personal y el cambio positivo. El concepto de congruencia dentro de la teoría centrada en la persona se basa en la creencia de que los individuos poseen una tendencia innata hacia la autorrealización y el desarrollo personal. Como tal, la congruencia del terapeuta actúa como catalizador para facilitar el camino del paciente hacia una mayor autoconciencia y plenitud. Según Carl Rogers, figura fundadora de la terapia centrada en la persona, la congruencia es una de las tres condiciones esenciales para el progreso terapéutico, junto con la consideración positiva incondicional y la empatía. Rogers enfatizó que la congruencia implica la disposición del terapeuta a compartir abiertamente sus sentimientos y experiencias genuinos con el cliente, sin pretensiones ni fachadas. Esta transparencia genera confianza y credibilidad, empoderando al cliente para explorar sus propios sentimientos y pensamientos sin temor a juicios ni malentendidos. Por lo tanto, definir la congruencia dentro de la teoría centrada en la persona va más allá de la mera honestidad; abarca un profundo compromiso con la transparencia, la vulnerabilidad y la autenticidad en el encuentro terapéutico. Concebida como un proceso dinámico en lugar de un estado estático, la congruencia continúa evolucionando a medida que el terapeuta se involucra en la autoexploración e introspección continuas, esforzándose por mantener la congruencia en sus interacciones con los clientes, al tiempo que reconoce sus propias limitaciones y áreas de crecimiento personal.

2. Perspectivas históricas sobre la congruencia:

Las raíces de la congruencia se remontan a las primeras indagaciones filosóficas sobre la naturaleza de la autenticidad y la autorrealización. Filósofos griegos antiguos, como Sócrates y Platón, reflexionaron sobre la importancia de vivir conforme a la propia identidad y el impacto que esto tenía en el bienestar individual. Fue a través de sus enseñanzas que la noción de congruencia comenzó a tomar forma, enfatizando la coherencia entre pensamientos, sentimientos y acciones. Esta comprensión fundamental sentó las bases para la posterior conceptualización de la congruencia dentro del enfoque centrado en la persona. El surgimiento de la teoría centrada en la persona, en particular a través del trabajo pionero de Carl Rogers, impulsó aún más la importancia de la congruencia en el discurso psicológico. Rogers destacó la importancia de la congruencia como un aspecto fundamental del crecimiento humano y la autorrealización. Postuló que las personas congruentes muestran coherencia entre sus experiencias internas y sus expresiones externas, lo que conduce a una sensación de plenitud y realización personal. La evolución histórica de la congruencia también se entrelaza con diversos movimientos culturales y sociales que enfatizaron el valor de la autenticidad y la legitimidad. Desde las filosofías existencialistas hasta la psicología humanista, el concepto de congruencia ha resonado en diversas tradiciones intelectuales, lo que subraya su perdurable relevancia para comprender la naturaleza humana. A medida que la psicología evolucionó y adoptó metodologías empíricas, creció el interés en la medición y evaluación de la congruencia. Investigadores destacados profundizaron en la relación entre la congruencia y el bienestar psicológico, arrojando luz sobre sus implicaciones para la salud mental y el funcionamiento interpersonal.

3. La importancia psicológica de ser congruente:

En esencia, la congruencia denota la alineación entre las experiencias internas y las expresiones externas. Cuando las personas son congruentes, se presentan con autenticidad, sin disparidades significativas entre sus pensamientos, emociones y comportamientos. Esta coherencia interna cultiva un sentido de confianza y transparencia, fomentando conexiones genuinas y relaciones interpersonales más profundas.

Psicológicamente, la congruencia contribuye a un mayor sentido de autoconciencia y autoaceptación. Al abrazar la congruencia, las personas exploran honestamente su interior, reconociendo e integrando sus emociones, pensamientos y experiencias sin juzgar ni negar. Este proceso de introspección y aceptación conduce a una identidad propia más cohesionada y a una mayor comprensión de las propias motivaciones y aspiraciones. En consecuencia, las personas que encarnan la congruencia suelen experimentar una reducción de los conflictos internos y un mayor sentido de autonomía y empoderamiento personal.

La congruencia desempeña un papel fundamental en el contexto terapéutico, ya que empodera a los clientes para expresarse con autenticidad dentro de la seguridad de la relación terapéutica. Cuando los terapeutas demuestran congruencia, compartiendo abiertamente sus reacciones y sentimientos genuinos, animan a los clientes a hacer lo mismo. Esta autenticidad mutua crea un entorno propicio para la vulnerabilidad emocional y la exploración significativa, lo que en última instancia facilita resultados terapéuticos profundos.

Desde una perspectiva cognitiva, la congruencia se alinea con el concepto de consistencia cognitiva. Cuando las creencias, actitudes y comportamientos de las personas son congruentes, experimentan armonía cognitiva y reducen la disonancia cognitiva. Esta alineación mejora el bienestar mental, ya que las personas experimentan menos agitación interna y procesos cognitivos conflictivos, lo que conduce a un mayor equilibrio emocional y claridad de pensamiento.

4. Técnicas para lograr la congruencia personal:

En la búsqueda de la congruencia personal, tanto las personas como los terapeutas pueden emplear diversas técnicas para armonizar sus experiencias internas con sus expresiones externas. Una técnica eficaz consiste en la autoexploración mediante prácticas introspectivas como la meditación consciente, el registro diario o ejercicios guiados de autorreflexión. Al afinar la autoconciencia, las personas pueden profundizar en sus emociones, pensamientos y valores, fomentando así la congruencia entre su yo interior y exterior.

Otra técnica valiosa para lograr la congruencia es practicar la comunicación asertiva. Esto implica expresar los verdaderos sentimientos, creencias y necesidades de forma directa pero respetuosa. Al dominar la comunicación asertiva, las personas pueden acortar la distancia entre su yo auténtico y sus interacciones con los demás, lo que resulta en intercambios más honestos y congruentes.

La reestructuración cognitiva puede ser fundamental para promover la coherencia personal. Al cuestionar y replantear pensamientos o creencias desadaptativas, las personas pueden alinear sus procesos cognitivos con sus experiencias reales, promoviendo una mayor coherencia y armonía en sí mismas.

Los terapeutas, en particular, pueden utilizar estrategias como ejercicios de juego de roles, retroalimentación en espejo y técnicas Gestalt para ayudar a los clientes a encarnar la congruencia. El juego de roles permite a los clientes experimentar con la expresión auténtica en un entorno seguro, facilitando la integración de conductas congruentes. La retroalimentación en espejo implica reflejar a los clientes señales verbales o no verbales incongruentes, fomentando la conciencia y la comprensión. Además, técnicas Gestalt como el ejercicio de la silla vacía pueden ayudar a los clientes a integrar aspectos conflictivos de sí mismos, mejorando así la congruencia.

5. El papel del terapeuta en el modelado de la congruencia:

Como componente esencial del enfoque centrado en la persona, el rol del terapeuta en modelar la congruencia es fundamental para el éxito del proceso terapéutico. Mediante la demostración constante de autenticidad, transparencia y honestidad, el terapeuta se convierte en un ejemplo vivo de congruencia para el cliente. Este modelado empodera al cliente para explorar y expresar sus propios pensamientos y sentimientos genuinos dentro de la seguridad del entorno terapéutico. La capacidad del terapeuta para mantener la congruencia en sus palabras, acciones y actitudes sienta las bases para una relación verdaderamente empática y comprensiva. Cuando el terapeuta encarna la congruencia, cultiva un ambiente de confianza y apertura, permitiendo al cliente participar en una experiencia terapéutica significativa y transformadora.

Modelar la congruencia también implica la disposición del terapeuta a reconocer y explorar su propia vulnerabilidad y falibilidad. Al compartir abiertamente sus experiencias, desafíos y emociones, el terapeuta crea un espacio para la conexión humana genuina y la empatía. Esta vulnerabilidad puede servir como un poderoso catalizador para la autoexploración y el crecimiento personal del cliente, al observar cómo el terapeuta se involucra auténticamente en el proceso terapéutico. Además, la capacidad del terapeuta para encarnar la congruencia sirve de inspiración para el cliente, animándolo a buscar una mayor autenticidad y autoconciencia en su propia vida.

Además, el modelado constante de la congruencia por parte del terapeuta sirve como marco para que el cliente aprenda e internalice este principio fundamental. A través de la observación y la interacción, el cliente comprende el valor de la congruencia y su impacto en el crecimiento personal y el bienestar. Al ser testigo del compromiso inquebrantable del terapeuta con la autenticidad y la sinceridad, el cliente se anima a reflexionar sobre sus propios patrones de comportamiento y comunicación, lo que le lleva a una mayor autoconciencia y autoaceptación.

En definitiva, el papel del terapeuta en el modelado de la congruencia trasciende el ámbito terapéutico, influyendo en las percepciones e interacciones del cliente en su vida cotidiana. Al demostrar congruencia de forma constante, el terapeuta se convierte en un faro para el cliente, iluminando el camino hacia la autenticidad, el autodescubrimiento y el cambio positivo. Por lo tanto, el compromiso del terapeuta con la congruencia desempeña un papel fundamental en el camino del cliente hacia el crecimiento personal y el bienestar psicológico.

6. Barreras a la congruencia y estrategias para superarlas:

Las barreras para lograr la congruencia en la terapia pueden provenir de diversas fuentes, tanto internas como externas. Internamente, los terapeutas pueden enfrentar desafíos relacionados con su propia autoconciencia, regulación emocional y sesgos personales que dificultan la expresión genuina de sus pensamientos y sentimientos durante las interacciones con los clientes. Externamente, factores ambientales, como las limitaciones de tiempo, las presiones organizacionales o incluso las normas sociales, pueden obstaculizar la práctica eficaz de la congruencia. Es fundamental que los terapeutas reconozcan y aborden estas barreras para mantener la integridad del proceso terapéutico.

Una barrera común para la congruencia es el miedo al juicio o al rechazo del cliente. Los terapeutas pueden sentir aprensión por ser totalmente transparentes debido a la preocupación por cómo se pueda percibir su autenticidad. Este miedo puede surgir del deseo de mantener una imagen profesional o de la reticencia a parecer vulnerable. Además, las experiencias previas de reacciones negativas por parte de los clientes o la falta de validación de las expresiones auténticas pueden contribuir a esta barrera.

Otro obstáculo para la congruencia es el conflicto entre los valores personales y las expectativas profesionales. Los terapeutas pueden encontrarse con dilemas cuando sus creencias o emociones genuinas parecen desviarse de las normas terapéuticas o los estándares éticos convencionales. La dificultad para equilibrar la autenticidad personal con las exigencias del marco terapéutico puede impedir la práctica consistente de la congruencia.

Para superar estas barreras, los terapeutas pueden adoptar diversas estrategias para cultivar la congruencia en su práctica terapéutica. La autorreflexión y la autoexploración continua son cruciales para identificar y abordar los obstáculos internos que impiden la congruencia. Participar en terapia personal, supervisión o consulta entre pares puede ayudar a los terapeutas a procesar sus miedos e inseguridades, lo que conduce a una mayor autoconciencia y congruencia emocional.

Desarrollar una comprensión profunda de la relación terapéutica y su dinámica puede empoderar a los terapeutas para gestionar el miedo al juicio y al rechazo. Al fomentar alianzas de confianza y apoyo con los clientes, los terapeutas pueden crear un espacio seguro para la autoexpresión genuina, lo que a su vez promueve la congruencia.

Abordar los conflictos entre los valores personales y las expectativas profesionales implica una reflexión ética y un diálogo continuos. Integrar la identidad auténtica en el enfoque terapéutico, respetando las directrices éticas, requiere una reflexión cuidadosa y una comunicación abierta. Reconocer la complejidad de este desafío y buscar orientación en marcos éticos de toma de decisiones puede ayudar a los terapeutas a resolver estos conflictos eficazmente.

7. La congruencia y su impacto en la alianza terapéutica:

El concepto de alianza terapéutica abarca la relación de colaboración entre el terapeuta y el cliente, caracterizada por la confianza mutua, el respeto y los objetivos compartidos. Al examinarla desde la perspectiva de la congruencia, se hace evidente que la autenticidad y la transparencia del terapeuta influyen significativamente en el desarrollo y el mantenimiento de esta alianza.

Un terapeuta congruente es aquel que se presenta con sinceridad y transparencia en el entorno terapéutico. Esta autenticidad fomenta un entorno de seguridad y previsibilidad para el cliente, lo que contribuye a la formación de un vínculo terapéutico sólido. Las investigaciones indican que cuando los clientes perciben a sus terapeutas como congruentes, tienen más probabilidades de obtener resultados positivos y demostrar un mayor compromiso con el proceso terapéutico.

La congruencia influye en el establecimiento de la empatía, otro elemento esencial de la alianza terapéutica. Al encarnar la congruencia, los terapeutas sientan las bases para una auténtica comprensión empática, ya que están mejor preparados para percibir y comunicarse con precisión con los pacientes, profundizando así la conexión empática. Los pacientes, al sentirse verdaderamente comprendidos y aceptados, se vuelven más receptivos a explorar sus emociones y experiencias, lo que mejora la eficacia del encuentro terapéutico.

El impacto de la congruencia en la alianza terapéutica se extiende más allá de las sesiones individuales y alcanza el resultado general del tratamiento. Un terapeuta congruente facilita un ambiente donde los clientes se sienten empoderados para expresarse abiertamente, compartir sus vulnerabilidades y explorar su interior sin temor a ser juzgados. Esta comunicación abierta conduce a la definición colaborativa de objetivos, lo que facilita un compromiso compartido con el proceso terapéutico y aumenta la probabilidad de lograr resultados positivos.

Cabe destacar que la interacción entre la congruencia y la alianza terapéutica subraya la importancia de la autoconciencia continua y el crecimiento personal para los terapeutas. A medida que los terapeutas se esfuerzan por encarnar la congruencia, se involucran en un proceso continuo de autorreflexión y autosuperación, fortaleciendo aún más su capacidad para establecer y mantener alianzas terapéuticas efectivas.

Autenticidad en las interacciones terapéuticas

1. Autenticidad en el contexto terapéutico:

La autenticidad en el contexto terapéutico es fundamental para establecer la confianza, una conexión genuina y facilitar la apertura en la relación terapéutica. Definida como la capacidad del terapeuta de ser genuino, transparente y estar presente en sus interacciones con el cliente, la autenticidad es fundamental para fomentar un entorno propicio para el crecimiento y la exploración personal. Abarca la capacidad de expresar abiertamente los pensamientos y emociones, en congruencia con la propia experiencia interna, a la vez que se acepta la vulnerabilidad y la transparencia sin pretensiones ni fachadas. El concepto de autenticidad en terapia fue introducido por primera vez por Carl Rogers como condición fundamental para facilitar el cambio terapéutico dentro del enfoque centrado en el cliente. La evolución de la autenticidad en el ámbito terapéutico ha experimentado avances significativos a medida que los terapeutas continúan perfeccionando su comprensión e implementación de la práctica auténtica. Hoy en día, la autenticidad va más allá de la mera presentación de uno mismo; implica una profunda conciencia y comprensión de las experiencias, emociones y perspectivas únicas del cliente. Además, requiere que el terapeuta mantenga una actitud genuina y sin prejuicios durante todo el proceso terapéutico. La importancia de la autenticidad radica en su potencial para brindar a los clientes un espacio seguro para la autoexploración y la expresión, capacitándolos para participar en una introspección y reflexión significativas.

2. Evolución de la práctica auténtica:

La noción de autenticidad en terapia se remonta a los primeros trabajos de psicólogos y teóricos de renombre como Carl

Rogers, quien enfatizó la importancia de las interacciones genuinas y transparentes entre el terapeuta y el paciente. El enfoque humanista de Rogers sentó las bases para la evolución de la autenticidad en el contexto terapéutico. A mediados del siglo XX, el concepto de autenticidad cobró relevancia a medida que terapeutas y académicos buscaban distanciarse de los modelos terapéuticos tradicionales, basados en la autoridad, para enfatizar en cambio la importancia de las relaciones terapéuticas genuinas, empáticas y sin prejuicios. El surgimiento de la psicología existencial también jugó un papel crucial en la configuración de la perspectiva histórica de la autenticidad en la práctica terapéutica, con pensadores como Rollo May destacando la naturaleza imperativa de la autoexpresión auténtica y la responsabilidad personal en el proceso terapéutico. A medida que el campo de la psicología continuó evolucionando, el concepto de autenticidad experimentó un cambio de paradigma, incorporando influencias de diversos contextos culturales, sociales y filosóficos. El siglo XXI ha visto un énfasis significativo en la relevancia cultural de la autenticidad, reconociendo su intersección con cuestiones de diversidad, equidad e inclusión en la terapia. Además, la investigación y el discurso contemporáneos en psicología han llevado a una comprensión más profunda de cómo se manifiesta la autenticidad en diversas modalidades terapéuticas, desde las sesiones presenciales tradicionales hasta el floreciente panorama de la terapia en línea y la teleterapia. La evolución de la práctica auténtica refleja una interacción dinámica entre los avances teóricos, los cambios culturales y los cambios sociales.

3. Desafíos y dilemas en el mantenimiento de la autenticidad:

Mantener la autenticidad en las interacciones terapéuticas presenta una multitud de desafíos y dilemas complejos para los profesionales. Uno de los principales retos reside en mantener el delicado equilibrio entre los límites profesionales y el compromiso genuino. Los terapeutas deben reevaluar constantemente su enfoque para garantizar que se mantengan empáticos y atentos a las necesidades del cliente, a la vez que respetan los estándares y límites éticos. Esto requiere una profunda comprensión de las dinámicas que intervienen en la relación terapéutica, así como una mayor conciencia de los sesgos personales y los posibles puntos ciegos.

El panorama tecnológico moderno, en constante evolución, plantea nuevos dilemas relacionados con la autenticidad. El uso de plataformas digitales para asesoramiento y terapia plantea interrogantes sobre hasta qué punto se pueden establecer y mantener conexiones auténticas virtualmente. Los terapeutas se enfrentan al reto de adaptar su presencia auténtica a diversos medios digitales, preservando al mismo tiempo la esencia de la auténtica conexión humana.

Otro dilema importante surge de la necesidad de mantener la autenticidad frente a las presiones sistémicas y las limitaciones organizativas. Las exigencias del papeleo, las tareas administrativas y la atención gestionada pueden mermar la capacidad del terapeuta para encarnar plenamente la autenticidad durante las sesiones. Lograr un equilibrio entre los requisitos prácticos de la profesión y los principios fundamentales de una interacción auténtica es una lucha constante que enfrentan muchos profesionales.

La diversidad cultural y social introduce complejidades que pueden poner a prueba la autenticidad del terapeuta. Encontrarse con clientes con orígenes y sistemas de creencias muy diferentes requiere un alto grado de competencia cultural y adaptabilidad. Es fundamental que los terapeutas gestionen estas diferencias sin comprometer la autenticidad del encuentro terapéutico.

Abordar las diferencias de poder en la relación terapéutica plantea otro desafío. Como figura de autoridad en la sesión, los terapeutas deben ser conscientes del poder inherente que ostentan y su impacto en la autenticidad de las interacciones con los clientes. Superar este desafío implica fomentar un entorno que fomente el diálogo abierto y el respeto mutuo, mitigando así la posibilidad de desequilibrios en el intercambio.

4. El papel del terapeuta:

En el ámbito terapéutico, el rol del terapeuta como facilitador del cambio y el crecimiento personal está vinculado a la capacidad de lograr un delicado equilibrio entre la profesionalidad y la presencia genuina. Operando dentro del marco de las directrices éticas y la experiencia clínica, los terapeutas tienen la tarea de fomentar un entorno donde los clientes se sientan apoyados y estimulados en su camino hacia el autodescubrimiento. Esto implica un profundo compromiso con los estándares profesionales, a la vez que se conectan auténticamente con los clientes a nivel humano.

Mantener los límites profesionales es fundamental para garantizar la seguridad e integridad de la relación terapéutica. La conducta ética, la confidencialidad y la objetividad son pilares fundamentales que conforman la columna vertebral del profesionalismo del terapeuta. Sin embargo, en este contexto, es igualmente crucial que los terapeutas muestren empatía genuina, compasión y una actitud libre de prejuicios. La combinación de estos atributos fomenta un espacio donde los clientes se sienten validados y comprendidos, sentando así las bases para interacciones terapéuticas auténticas y transformadoras.

El concepto de presencia genuina abarca la capacidad del terapeuta para estar plenamente en sintonía con la experiencia emocional del cliente sin perder de vista los objetivos terapéuticos. Implica una atención plena a las señales verbales y no verbales del cliente, lo que le permite responder de forma empática y congruente. Al mostrar autenticidad y transparencia en sus interacciones, los terapeutas crean un ambiente propicio para generar confianza, lo que en última instancia empodera a los clientes para transitar el terreno de la autoexpresión y la vulnerabilidad.

Explorar el terreno de la presencia genuina también requiere una profunda comprensión de cómo los sesgos, las suposiciones y los valores personales pueden afectar el proceso terapéutico. Cultivar la autoconciencia y participar en la autorreflexión continua es fundamental para que los terapeutas gestionen eficazmente la interacción entre su identidad profesional y su autenticidad personal. Al reconocer y procesar sus propias reacciones y emociones, los terapeutas pueden aprovechar su presencia genuina para fomentar conexiones significativas con sus clientes, manteniendo al mismo tiempo los límites profesionales necesarios para una práctica ética.

5. Autenticidad centrada en el cliente:

En el ámbito de la terapia centrada en la persona, el concepto de autenticidad va más allá de la presencia genuina del terapeuta y abarca la facilitación de la autoexpresión centrada en el cliente. Este aspecto fundamental de las interacciones terapéuticas enfatiza la importancia crucial de crear un espacio libre de prejuicios donde las personas se sientan empoderadas para expresar sus pensamientos, emociones y experiencias más profundas sin temor a la crítica ni a la evaluación. Al fomentar un entorno propicio para la expresión auténtica, los terapeutas pueden permitir a los clientes explorar sus narrativas personales, adquirir una conciencia profunda y embarcarse en caminos transformadores hacia el bienestar holístico.

La autenticidad centrada en el cliente subraya el principio fundamental de la consideración positiva incondicional, en el que los terapeutas cultivan una actitud de aceptación y comprensión empática. Este enfoque fundamental coincide con la afirmación de Carl Rogers de que las personas poseen una tendencia inherente a la autorrealización y el crecimiento personal cuando se les proporciona un ambiente de auténtica empatía y aceptación incondicional. Desde esta perspectiva, la relación terapéutica se convierte en un vehículo para fomentar la autoexploración y la validación de las experiencias únicas de los clientes, fomentando en última instancia un sentido de autonomía y autoeficacia.

Fomentar la autoexpresión en la dinámica cliente-terapeuta requiere una comprensión profunda de los múltiples factores que influyen en los estilos de comunicación individuales, las influencias culturales y los sistemas de creencias. Los terapeutas deben adoptar una postura receptiva que reconozca la diversidad de expresiones y perspectivas, evitando imponer nociones o valores preconcebidos a los clientes. Este enfoque inclusivo honra la naturaleza multifacética de la identidad humana y permite la cocreación de diálogos terapéuticos que resuenen con autenticidad y respeto mutuo.

Fomentar la autoexpresión implica inherentemente una exploración introspectiva de los propios sesgos y suposiciones del terapeuta, que podrían, inadvertidamente, sofocar la expresión auténtica de los clientes. Al participar en la autorreflexión continua y cultivar la humildad cultural, los terapeutas pueden derribar las barreras al diálogo abierto y crear un espacio donde los clientes de todos los orígenes se sientan validados y escuchados. Estos esfuerzos concienzudos fortalecen la confianza y la compenetración, elementos clave que sustentan la eficacia de la terapia centrada en la persona.

A medida que el panorama terapéutico evoluciona, la llegada de los avances tecnológicos introduce nuevas vías para facilitar la autoexpresión auténtica en la relación cliente-terapeuta. Las plataformas virtuales y los medios digitales ofrecen oportunidades para que los clientes participen en terapia a distancia, lo que obliga a los terapeutas a adaptar sus estrategias para fomentar la autenticidad en diferentes modos de comunicación. Abordar las implicaciones de las interacciones virtuales e integrar la alfabetización digital en el proceso terapéutico se vuelve fundamental para preservar la autenticidad y la profundidad de la autenticidad centrada en el cliente.

6. Influencias tecnológicas en las interacciones auténticas:

A medida que la tecnología avanza a un ritmo acelerado, su impacto en la práctica de interacciones auténticas dentro de la terapia es crucial. La integración de diversas herramientas y plataformas tecnológicas no solo ha transformado la forma en que los terapeutas interactúan con sus clientes, sino que también ha planteado importantes consideraciones sobre la autenticidad en estas interacciones. Las sesiones de terapia virtual, facilitadas mediante videoconferencias o plataformas de teleterapia, son cada vez más comunes, permitiendo a los clientes acceder a apoyo terapéutico desde la comodidad de su entorno. Si bien esto ofrece comodidad y accesibilidad, también plantea desafíos para mantener el mismo nivel de autenticidad que las sesiones presenciales tradicionales.

La proliferación de las redes sociales y los canales de comunicación digitales ha creado nuevas vías para la interacción entre cliente y terapeuta fuera de las sesiones programadas. Los terapeutas deben gestionar los límites de la conducta profesional y la autenticidad al interactuar con los clientes a través de estos medios, garantizando que su comunicación sea genuina, alentadora y en el mejor interés del bienestar del cliente. Además, el uso de historiales médicos electrónicos y sistemas de documentación en línea ha agilizado los procesos administrativos, pero requiere un enfoque riguroso en la privacidad y seguridad de los datos, en consonancia con los estándares éticos para mantener la confianza y la confidencialidad del cliente.

La aparición de la inteligencia artificial (IA) y los algoritmos de aprendizaje automático presenta tanto oportunidades como desafíos en el ámbito de las interacciones auténticas. Si bien los chatbots y los asistentes virtuales impulsados por IA ofrecen apoyo y recursos complementarios a los clientes, su papel en el fomento de conexiones terapéuticas auténticas requiere una cuidadosa consideración. Integrar la tecnología de forma responsable para mejorar, en lugar de reemplazar, el componente humano de la terapia es vital para preservar la autenticidad de las relaciones entre cliente y terapeuta.

En respuesta a estas influencias tecnológicas, los terapeutas deben adaptar proactivamente sus habilidades y prácticas para garantizar que las interacciones auténticas sean la base de su enfoque terapéutico. Esto implica cultivar una alfabetización digital que les permita utilizar la tecnología sin comprometer la autenticidad y la profundidad de sus conexiones con los pacientes. Establecer directrices claras, procesos de consentimiento informado y formación continua en prácticas digitales éticas es fundamental para mantener la autenticidad e integridad de las interacciones terapéuticas en un panorama cada vez más tecnocéntrico.

7. Consideraciones éticas en la práctica auténtica:

El concepto de autenticidad en las interacciones terapéuticas introduce una dimensión crucial que se entrelaza con las consideraciones éticas y orienta la conducta y las responsabilidades de los profesionales de la salud mental. Las consideraciones éticas en la práctica auténtica abarcan principios fundamentales que sustentan la prestación de una terapia eficaz y responsable. El compromiso con la conducta ética es esencial para promover la confianza, el respeto y la integridad en la relación terapéutica.

Un aspecto crucial de la consideración ética en la práctica auténtica gira en torno al principio de beneficencia y no maleficencia. Los terapeutas deben priorizar constantemente el bienestar de sus clientes, asegurándose de que sus acciones e intervenciones busquen promover resultados positivos y evitar cualquier daño potencial. En el contexto de la autenticidad, esto requiere que los profesionales mantengan un delicado equilibrio entre la autoexpresión genuina y la preservación de un entorno emocionalmente seguro y de apoyo para sus clientes.

Además, el concepto de autonomía cobra protagonismo en los debates éticos dentro de la práctica auténtica. Respetar la autonomía del cliente implica honrar su derecho a la autodeterminación y la toma de decisiones, empoderándolo para participar activamente en los procesos terapéuticos. La autenticidad no debe vulnerar la autonomía del cliente, sino servir como catalizador para fomentar la exploración abierta y honesta de sus pensamientos, emociones y experiencias, en consonancia con el enfoque centrado en la persona.

La confidencialidad sigue siendo un pilar fundamental de la práctica ética, especialmente en el contexto de interacciones auténticas. Los terapeutas están obligados a mantener la máxima confidencialidad respecto a las revelaciones realizadas en el entorno terapéutico, lo que refuerza la confianza y la privacidad esenciales para que se produzcan intercambios auténticos. El cumplimiento de las directrices éticas establecidas y los mandatos legales relativos a la confidencialidad salvaguarda la inviolabilidad del espacio terapéutico, garantizando a los clientes que sus narrativas personales se mantienen seguras y protegidas de la divulgación no autorizada.

Las consideraciones éticas abarcan la promoción de la justicia y la igualdad en la práctica auténtica. Es fundamental que los terapeutas reconozcan y aborden las diferencias de poder, los matices culturales y las diversas perspectivas, garantizando que las interacciones auténticas no se vean contaminadas por prejuicios ni discriminación. Al cultivar un entorno terapéutico inclusivo y equitativo, los profesionales pueden mantener los estándares éticos de justicia, responsabilidad social y competencia cultural, reforzando así la autenticidad de sus interacciones con los pacientes.

8. Herramientas y enfoques:

En el campo de la terapia centrada en la persona, medir la autenticidad presenta un conjunto único de desafíos y oportunidades. A medida que los terapeutas buscan mejorar su práctica, la capacidad de cuantificar y evaluar la autenticidad se vuelve una tarea pertinente. Una herramienta clave para medir la autenticidad es el uso de autoinformes, que brindan a los clientes la oportunidad de evaluar la autenticidad percibida de sus interacciones terapéuticas. Además, los sistemas de codificación conductual ofrecen un enfoque cuantitativo al analizar sistemáticamente las interacciones terapeuta-cliente en busca de indicadores de autenticidad como la congruencia, la empatía y la consideración positiva incondicional. Estas medidas contribuyen a una comprensión más integral de la práctica auténtica y su impacto en el bienestar del cliente.

Las metodologías cualitativas, como las entrevistas fenomenológicas y el análisis narrativo, permiten una exploración más profunda de la autenticidad en las relaciones terapéuticas. Al capturar las experiencias vividas tanto de los clientes como de los terapeutas, estos enfoques arrojan luz sobre las dimensiones subjetivas de la autenticidad y proporcionan valiosas perspectivas sobre los matices de la interacción genuina. La integración de estos hallazgos cualitativos con datos cuantitativos enriquece la evaluación de la autenticidad, fomentando una evaluación holística de los encuentros terapéuticos.

Los avances tecnológicos también han permeado la medición de la autenticidad, con herramientas innovadoras como simulaciones de realidad virtual y algoritmos de análisis de sentimientos que ofrecen nuevas maneras de discernir expresiones y respuestas auténticas durante las sesiones terapéuticas. Aprovechar estos recursos tecnológicos permite a los terapeutas refinar su autenticidad y adaptar su enfoque basándose en la retroalimentación en tiempo real, optimizando así la calidad de la atención centrada en el paciente.

Para garantizar la aplicación ética de las herramientas de medición, es fundamental que los profesionales consideren la sensibilidad cultural y los factores contextuales que pueden influir en la percepción de la autenticidad. Adaptar los enfoques de medición para tener en cuenta las diversas normas culturales y las diferencias individuales promueve una evaluación inclusiva y respetuosa de la autenticidad en diferentes poblaciones de clientes.

A medida que el campo de la terapia centrada en la persona continúa evolucionando, las futuras direcciones en la medición de la autenticidad podrían implicar el desarrollo de protocolos de evaluación estandarizados que integren múltiples dimensiones de la práctica auténtica. Dichos protocolos podrían abarcar patrones de comunicación verbal y no verbal, dinámicas temporales de la autenticidad y la integración de la retroalimentación del cliente para cocrear entornos terapéuticos auténticos. La colaboración entre áreas interdisciplinarias, como la psicología, la sociología y la tecnología, impulsará aún más la búsqueda de herramientas de medición precisas e integrales, fomentando un panorama dinámico de interacciones terapéuticas auténticas.

El enfoque no directivo

1. Introducción al enfoque no directivo:

El enfoque no directivo en terapia representa un cambio fundamental en la dinámica tradicional terapeuta-cliente, enfatizando la autonomía y el autodescubrimiento del cliente. Basado en el trabajo pionero de Carl Rogers, este enfoque aboga por una postura terapéutica centrada en el cliente y no autoritaria, que se distancia de las modalidades más prescriptivas y directivas. En esencia, el enfoque no directivo confía plenamente en la capacidad del individuo para la autocomprensión y el crecimiento personal, partiendo de la premisa de que los clientes poseen los recursos innatos para explorar sus paisajes emocionales únicos cuando se les brindan las condiciones adecuadas. Esta ruptura con los modelos psicoterapéuticos tradicionales marca una evolución crucial en el campo, al adoptar una relación igualitaria entre cliente y terapeuta.

Históricamente, el enfoque no directivo surgió como respuesta a las prácticas terapéuticas predominantes, dirigidas por expertos y basadas en el diagnóstico, que situaban al cliente en el centro del proceso terapéutico. Basándose en principios humanísticos, este enfoque encuentra sus fundamentos teóricos en el concepto de autorrealización y la tendencia innata de las personas hacia la realización personal y el desarrollo holístico. Al fomentar un entorno de consideración positiva incondicional, comprensión empática y congruencia, los terapeutas que emplean el enfoque no directivo buscan crear un espacio seguro y sin prejuicios que propicie la exploración y la cristalización de las experiencias y emociones auténticas del cliente.

Un aspecto central del enfoque no directivo es la creencia en la sabiduría inherente del cliente y su capacidad para discernir su camino hacia el bienestar psicológico. El terapeuta no actúa como una figura de autoridad ni como intérprete de las experiencias del cliente, sino como un facilitador empático que se abstiene de imponer agendas o soluciones. En este marco, el cliente se empodera para reorientar el curso de la terapia, aprovechando su impulso natural hacia la autorrealización y el autodescubrimiento. Por ello, el enfoque no directivo honra la naturaleza subjetiva y profundamente personal del proceso terapéutico individual, reconociendo que cada cliente posee una narrativa y una trayectoria de crecimiento únicas.

Al evitar la dinámica jerárquica tradicional, los terapeutas que utilizan el enfoque no directivo mantienen un respeto inquebrantable por la autonomía del cliente, lo que les permite dirigir las sesiones y priorizar los temas más relevantes para su desarrollo personal. Esta renuncia al control terapéutico en favor de la autonomía del cliente subraya los principios fundamentales del enfoque no directivo, abogando por una alianza colaborativa y basada en la colaboración, donde la voz del cliente es primordial para definir el diálogo terapéutico y los resultados.

2. Principios básicos de la técnica no directiva:

La técnica no directiva se sustenta en varios principios fundamentales que definen su aplicación en la práctica terapéutica. En el centro de este enfoque reside la creencia de que las personas poseen una capacidad innata de autodescubrimiento y crecimiento personal cuando se les brindan las condiciones necesarias dentro de una relación terapéutica. Un elemento central de la técnica no directiva es el principio de la consideración positiva incondicional, donde el terapeuta ofrece genuina aceptación y calidez al cliente sin juicios ni evaluaciones. Esto fomenta un entorno de seguridad y confianza, esencial para que el cliente explore y exprese sus verdaderos sentimientos y experiencias sin temor a la crítica.

Otro principio clave es la comprensión empática, en la que el terapeuta se esfuerza por comprender profundamente la experiencia subjetiva del cliente, entrando en su marco de referencia y comunicándole esta comprensión empática. Esta sintonía empática permite al terapeuta conectar con las emociones del cliente y reflejarlas, validando así su mundo interior y facilitando una sensación de verdadera comprensión. Además, sienta las bases para una autoexploración más profunda del cliente y el surgimiento de perspectivas personales.

El enfoque no directivo enfatiza el concepto de congruencia, donde el terapeuta se esfuerza por expresar con autenticidad y transparencia sus propios sentimientos y experiencias dentro de la relación terapéutica. Al ser genuino y transparente, el terapeuta proporciona un modelo de autenticidad que anima al cliente a hacer lo mismo, fomentando un clima de apertura y honestidad.

Además, la técnica no directiva defiende el principio de autonomía del cliente, respetando su derecho a tomar decisiones sobre su propia vida y confiando en su capacidad de crecimiento personal. El terapeuta renuncia al rol de experto o figura de autoridad, permitiendo al cliente embarcarse en su propio camino de autoexploración y cambio a su propio ritmo.

Finalmente, el enfoque no directivo prioriza el proceso sobre el contenido. Al centrarse en la experiencia del cliente en cada momento y en las emociones subyacentes, en lugar de en los detalles específicos de sus narrativas, el terapeuta le permite permanecer presente con sus emociones y facilita una exploración y comprensión más profunda de su mundo interior. Al incorporar estos principios fundamentales, la técnica no directiva crea un entorno enriquecedor que favorece la autoexploración, el empoderamiento personal y, en última instancia, la autorrealización del cliente.

3. Modalidades directivas y no directivas:

Las modalidades directivas enfatizan el rol activo del terapeuta al guiar e instruir al cliente hacia objetivos o soluciones específicas. En contraste, las modalidades no directivas, como el enfoque centrado en la persona, priorizan facilitar la autoexploración y el crecimiento personal del cliente sin imponer directrices externas.

Una distinción clave reside en la dinámica de poder inherente a cada modalidad. Los enfoques directivos se caracterizan por el ejercicio de autoridad por parte del terapeuta, el asesoramiento y la dirección del desarrollo de la sesión. Esto contrasta marcadamente con las modalidades no directivas, donde el terapeuta adopta una postura más comprensiva, permitiendo al cliente guiar la exploración y la toma de decisiones.

Además, el nivel de aportación e interpretación difiere significativamente entre estas modalidades. En los enfoques directivos, el terapeuta suele interpretar las experiencias del cliente, prescribir estrategias y utilizar intervenciones estructuradas para abordar problemas específicos. Por otro lado, las modalidades no directivas enfatizan la autonomía del cliente para interpretar sus experiencias, ofreciendo el terapeuta comprensión empática y consideración positiva incondicional en lugar de imponer interpretaciones o soluciones.

Otro punto crucial de divergencia es el locus de control. Las modalidades directivas tienden a situar el locus de control fuera del cliente, atribuyendo autoridad y experiencia al terapeuta. En cambio, las modalidades no directivas buscan reubicar el locus de control dentro del cliente, enfatizando su capacidad innata para procesar sus experiencias y encontrar soluciones significativas desde dentro.

La naturaleza de la relación terapéutica varía entre estas modalidades. Los enfoques directivos suelen presentar una relación más asimétrica, donde el terapeuta asume un rol experto, mientras que las modalidades no directivas buscan una dinámica más igualitaria y colaborativa, donde el terapeuta actúa como facilitador de apoyo.

4. Rol del facilitador:

El rol del facilitador en el marco de la terapia no directiva se caracteriza por un delicado equilibrio entre brindar orientación a los clientes y evitar imponer intervenciones directas. Esto implica un enfoque matizado, en el que el facilitador asume la tarea fundamental de fomentar un entorno que fomente la autoexploración y la introspección del cliente sin dirigir la dirección del proceso terapéutico. Es fundamental para este rol la capacidad del facilitador de escuchar activamente, empatizar y comprender las experiencias, pensamientos y emociones del cliente sin imponer sus propios intereses ni interpretaciones.

Al abstenerse de dirigir la conversación u ofrecer soluciones explícitas, el facilitador asume una postura de apoyo que permite al cliente la autonomía para dirigir su propio crecimiento y autodescubrimiento. La práctica de la participación activa y la escucha reflexiva es la piedra angular del enfoque del facilitador, permitiéndole reflejar eficazmente las experiencias y perspectivas del cliente, evitando imponer juicios o sesgos externos.

El facilitador actúa como un conducto para la expresión del mundo interior del cliente, facilitando un espacio abierto y sin prejuicios para la exploración de sus sentimientos, creencias y valores. Este proceso se sustenta en el compromiso del facilitador de crear un ambiente de consideración positiva incondicional, fomentando así un entorno donde los clientes se sientan seguros en su autoexpresión.

El rol del facilitador es inherente a un profundo respeto por la autonomía del cliente, así como a una firme convicción en su capacidad de autorrealización y autonomía personal. Al adoptar una actitud de aceptación genuina sin intentar influir en las decisiones o conclusiones del cliente, el facilitador le permite explorar su mundo interior con un sentido de pertenencia y empoderamiento. Este enfoque no directivo sirve como catalizador para el crecimiento personal del cliente y su auténtica autoexpresión, afirmando así su valor y potencial intrínsecos.

5. Autonomía y empoderamiento del cliente:

El enfoque terapéutico no directivo pone un énfasis significativo en potenciar la autonomía y el empoderamiento del cliente. Este aspecto fundamental del enfoque subraya la creencia de que las personas tienen la capacidad innata de tomar decisiones, resolver problemas y generar cambios positivos en sus vidas. Al fomentar un entorno terapéutico que prioriza la autonomía del cliente, el facilitador reconoce y respeta su capacidad para dirigir su propio crecimiento y desarrollo.

Para mejorar la autonomía del cliente es fundamental reconocerlo como experto en sus propias experiencias. Mediante la comprensión empática y una consideración positiva incondicional, el facilitador se esfuerza por crear un espacio donde los clientes se sientan empoderados para explorar sus pensamientos, sentimientos y aspiraciones sin juicios ni imposiciones. Esta validación del marco interno del cliente fomenta la autoexploración y refuerza la idea de que posee los recursos necesarios para el crecimiento personal y la autorrealización.

El enfoque no directivo busca empoderar a los clientes promoviendo una relación colaborativa e igualitaria entre el facilitador y el cliente. Esta colaboración enfatiza la toma de decisiones compartida, donde el facilitador actúa como guía y apoyo, en lugar de como director. Al entablar un diálogo abierto, escuchar activamente y hacer preguntas reflexivas, el facilitador crea un entorno que fomenta el autodescubrimiento y la resolución autónoma de problemas.

El empoderamiento, dentro del enfoque no directivo, también abarca el fomento de la autoeficacia y la autodeterminación. Gracias a la confianza genuina del facilitador en la capacidad del cliente para generar cambios, se motiva a las personas a aprovechar sus propias fortalezas y recursos para superar los desafíos y alcanzar sus metas. Al reconocer y reforzar la autonomía del cliente, el proceso terapéutico se convierte en un catalizador para una mayor autoconciencia, confianza y resiliencia.

6. Desafíos y críticas de la práctica no directiva:

El enfoque no directivo, si bien se considera una modalidad terapéutica valiosa, no está exento de desafíos y críticas. Un desafío importante reside en el tiempo necesario para que los clientes exploren y resuelvan sus inquietudes en profundidad dentro de un marco estrictamente no directivo. Este proceso prolongado no siempre es viable, sobre todo cuando los clientes buscan soluciones más inmediatas o cuando existen limitaciones de tiempo. Además, algunos críticos argumentan que ciertos clientes pueden beneficiarse de intervenciones más estructuradas y directivas, especialmente aquellos que requieren orientación específica o tienen dificultades para expresar sus pensamientos y emociones de forma autónoma.

Otra crítica a la práctica no directiva gira en torno a su potencial para fomentar inadvertidamente un rol excesivamente pasivo en los pacientes. Los críticos afirman que la ausencia de consejos o sugerencias directas podría generar una sensación de inercia o indecisión en personas que dependen en gran medida de la orientación del terapeuta. Además, quienes defienden enfoques más directivos argumentan que las prácticas no directivas podrían no ser adecuadas para diversos orígenes culturales o para personas de sociedades que valoran las figuras de autoridad y las directivas explícitas en sus interacciones.

Las consideraciones éticas también surgen como un desafío importante en la práctica no directiva, ya que los límites entre la facilitación eficaz y la no interferencia deben gestionarse cuidadosamente. Los terapeutas que emplean este enfoque deben evitar distanciarse o desvincularse demasiado, ya que esto puede obstaculizar el progreso de los pacientes. También existe el riesgo de malinterpretar las señales o necesidades de los pacientes debido al énfasis en la no directividad, lo que podría resultar en un apoyo o una intervención inadecuados.

Además, la eficacia de las técnicas no directivas ha sido objeto de debate en la comunidad terapéutica. Si bien numerosos casos de éxito demuestran la eficacia de este enfoque, la evidencia empírica y las medidas cuantitativas para validar sus resultados son limitadas. Los críticos argumentan que la ausencia de una estructura clara y objetivos definidos en la terapia no directiva puede dificultar su capacidad para producir resultados medibles y consistentes, socavando así su credibilidad en comparación con modalidades más estructuradas.

7. Prácticas Integrativas con otros modelos terapéuticos:

Las prácticas integrativas en psicoterapia implican la integración intencionada de técnicas y enfoques de diversos modelos terapéuticos para crear un plan de tratamiento integral y personalizado para cada paciente. En el contexto de la terapia centrada en la persona, las prácticas integrativas se basan en el principio fundamental de priorizar las necesidades y experiencias únicas del paciente, aprovechando diversas modalidades terapéuticas para mejorar la eficacia del proceso de asesoramiento.

Un enfoque destacado que suele integrarse con la terapia centrada en la persona es la terapia cognitivo-conductual (TCC). Al combinar la naturaleza empática y no directiva de la terapia centrada en la persona con las estrategias estructuradas y centradas en soluciones de la TCC, los terapeutas pueden ofrecer un marco equilibrado para abordar los desafíos emocionales y conductuales. Esta integración permite a los clientes explorar sus sentimientos y percepciones en un entorno de apoyo, a la vez que aprenden habilidades prácticas para gestionar sus pensamientos y acciones en la vida cotidiana.

La integración de intervenciones basadas en mindfulness con la terapia centrada en la persona ha cobrado relevancia en los últimos años. Las prácticas de mindfulness pueden complementar la comprensión empática característica de la terapia centrada en la persona, fomentando la consciencia y la aceptación de las experiencias del momento presente. Al incorporar técnicas de mindfulness, los terapeutas pueden guiar a sus pacientes a desarrollar una conexión más profunda con sus experiencias internas, promoviendo la autoexploración y el crecimiento personal.

Otra valiosa fusión surge de la integración de la terapia centrada en la persona con enfoques psicodinámicos. Al combinar la postura empática centrada en el cliente con conceptos psicodinámicos como la exploración de dinámicas inconscientes y patrones de apego tempranos, los terapeutas pueden facilitar una exploración más holística del mundo interior del cliente. Esta integración busca descubrir emociones y patrones relacionales más profundos, manteniendo al mismo tiempo los principios humanísticos fundamentales de la consideración positiva incondicional y la empatía.

Además, los principios de la terapia narrativa pueden integrarse con la terapia centrada en la persona para abordar cuestiones relacionadas con las autonarrativas y la construcción de la identidad. Este enfoque colaborativo permite a los clientes explorar y reconstruir sus narrativas de vida en un espacio de apoyo y sin prejuicios creado por el terapeuta centrado en la persona, lo que en última instancia empodera a las personas para redefinir sus historias y perspectivas.

A medida que el campo de la psicoterapia continúa evolucionando, la integración de la terapia centrada en la persona con prácticas basadas en la evidencia, como la terapia informada sobre el trauma y la terapia dialéctica conductual (TDC), resulta prometedora para abordar cuadros clínicos complejos. Estas integraciones enfatizan la importancia de adaptar las intervenciones terapéuticas a las necesidades únicas de cada paciente, respetando al mismo tiempo los valores fundamentales de la terapia centrada en la persona. La investigación en esta área destaca aún más el potencial para mejorar los resultados terapéuticos mediante prácticas integrativas, destacando así la relevancia y adaptabilidad continuas de la terapia centrada en la persona en los entornos clínicos contemporáneos.

Empatía - Un principio fundamental para el crecimiento personal

1. Empatía en el contexto terapéutico:

La empatía, dentro del contexto terapéutico, desempeña un papel fundamental en las interacciones cliente-terapeuta y en la eficacia general de la terapia. En esencia, la empatía se define como la capacidad de comprender y compartir los sentimientos de otra persona, a la vez que se puede comunicar esta comprensión eficazmente. Aplicada en el marco terapéutico, la empatía implica no solo reconocer las emociones y experiencias del cliente, sino también mostrar una respuesta genuina y compasiva a su mundo interior. Es un proceso de profunda sintonía emocional que fomenta un entorno de seguridad, confianza y validación para el cliente.

En la terapia, la empatía es la base para establecer una sólida alianza terapéutica, la cual sienta las bases para una comunicación y colaboración efectivas entre el cliente y el terapeuta. Al encarnar la empatía, los terapeutas pueden crear un entorno donde los clientes se sientan vistos, escuchados y comprendidos, sentando así las bases para una exploración y un crecimiento significativos. Además, la empatía permite a los terapeutas conectar profundamente con sus clientes, permitiéndoles gestionar las complejidades de sus experiencias con sensibilidad y comprensión.

La importancia de la empatía en el contexto terapéutico va más allá de la mera comprensión. También abarca la capacidad de transmitir esta comprensión de una manera que resuene con el cliente, evocando una sensación de profunda comprensión y validación. Esta sintonía empática prepara el terreno para la exploración de emociones, pensamientos y experiencias profundas, proporcionando un terreno fértil para la comprensión y el crecimiento personal.

La empatía en terapia promueve un entorno que anima a los clientes a participar en una autorreflexión honesta y a explorar su mundo interior sin temor a ser juzgados ni rechazados. Esto permite una experiencia terapéutica más auténtica y transformadora, facilitando el camino del cliente hacia la sanación y el autodescubrimiento. A través de la empatía, los terapeutas pueden ofrecer apoyo y orientación, respetando la autonomía y las experiencias únicas de cada cliente, empoderándolo así para que aproveche su capacidad innata de crecimiento personal.

2. La empatía como constructora de alianzas terapéuticas:

El establecimiento de una sólida alianza terapéutica es fundamental para facilitar resultados positivos en el cliente dentro del enfoque centrado en la persona. En el corazón de esta alianza se encuentra el concepto de empatía, piedra angular para fomentar la confianza y la comprensión entre el terapeuta y el cliente. La empatía, dentro del contexto terapéutico, abarca la capacidad del terapeuta para comprender profundamente y comunicar con precisión el estado emocional, las experiencias y las perspectivas del cliente. A través de la sintonía empática, los terapeutas demuestran un cuidado y una preocupación genuinos, creando un espacio seguro para que los clientes exploren sus sentimientos y pensamientos sin temor a ser juzgados. Esta conexión empática no solo valida las experiencias del cliente, sino que también fomenta la sensación de ser verdaderamente escuchado y comprendido. Además, la empatía cultiva un entorno propicio para la introspección y la autorreflexión, permitiendo a los clientes ahondar en su mundo interior con mayor apertura y vulnerabilidad, allanando el camino para el crecimiento personal. Como constructora de alianzas terapéuticas, la empatía conecta la realidad subjetiva del cliente con el proceso terapéutico, permitiendo una colaboración armoniosa que empodera a las personas para gestionar sus desafíos y trabajar hacia el bienestar holístico. Además, al generar un clima de empatía, los clientes son más propensos a participar activamente en la terapia, lo que genera mayor motivación y autoexploración. Es a través de la conexión empática que se anima a los clientes a afrontar problemas profundos, comunicarse abiertamente y embarcarse en un viaje de autodescubrimiento. Este vínculo de empatía crea un terreno fértil para desarrollar resiliencia y estrategias de afrontamiento, cimentando las bases de una alianza terapéutica resiliente que impulsa a los clientes hacia un cambio transformador. En general, el papel fundamental que desempeña la empatía en el cultivo de una alianza terapéutica sólida se evidencia en su capacidad para fomentar la relación, el respeto mutuo y la resolución colaborativa de problemas, sentando así las bases para un progreso significativo y el desarrollo personal.

3. La neurociencia detrás de las conexiones empáticas:

Las conexiones empáticas están profundamente arraigadas en el funcionamiento del cerebro humano y se basan en diversos procesos neurológicos que sustentan las interacciones sociales y la comprensión emocional. En la base de las conexiones empáticas se encuentra el sistema de neuronas espejo, una red de neuronas que se activan tanto cuando una persona realiza una acción como cuando observa a otra realizando la misma acción. Este mecanismo permite a las personas simular y comprender las experiencias y emociones de los demás, lo que constituye la base de la empatía. Estudios realizados con resonancia magnética funcional (fMRI) han revelado que cuando las personas muestran respuestas empáticas, se activan regiones específicas del cerebro asociadas con la mentalización, la toma de perspectiva y el procesamiento emocional. La corteza prefrontal, la unión temporoparietal y la ínsula se encuentran entre las áreas cerebrales clave implicadas en el procesamiento neuronal de la empatía. Además, la investigación neurocientífica ha demostrado el papel de la oxitocina, a menudo denominada la "hormona del vínculo", en la modulación de comportamientos sociales como la confianza, la empatía y la generosidad. La oxitocina facilita los vínculos sociales y potencia las respuestas empáticas al promover comportamientos prosociales. Además, el sistema opioide endógeno, en particular la liberación de endorfinas, contribuye a los aspectos gratificantes y reforzadores de las interacciones empáticas. Comprender la neurociencia que subyace a las conexiones empáticas no solo dilucida los fundamentos biológicos de la empatía, sino que también subraya su importancia fundamental para fomentar relaciones humanas significativas y apoyar el crecimiento personal en contextos terapéuticos.

4. El papel de la empatía en el autodescubrimiento y el crecimiento del cliente:

La empatía es la piedra angular de la terapia centrada en el cliente, desempeñando un papel indispensable para fomentar el autodescubrimiento y el crecimiento personal. A través de la comprensión empática, los terapeutas crean un espacio seguro y sin prejuicios que anima a los clientes a explorar sus pensamientos y sentimientos más íntimos. Este proceso de profunda introspección facilita un profundo viaje de autodescubrimiento, permitiendo a las personas comprender mejor sus creencias, valores y experiencias fundamentales.

La empatía empodera a los clientes para procesar sus emociones y abordar las preocupaciones subyacentes con resiliencia y valentía. Al experimentar la empatía auténtica de su terapeuta, se sienten validados y comprendidos, lo que les permite una mayor autoconciencia y regulación emocional. En este entorno de confianza y compasión, los clientes pueden afrontar desafíos personales, traumas e incertidumbres, lo que los impulsa a encuentros transformadores consigo mismos.

A medida que los clientes profundizan en su mundo interior, la conexión empática forjada entre el terapeuta y el cliente sirve como guía. A menudo se anima a los clientes a desentrañar sus narrativas, lo que les permite comprender sus experiencias e identidades. Además, a través de la reflexión empática, se les empodera para replantear sus perspectivas, lo que les permite encontrar un nuevo propósito y dirección en sus vidas.

El proceso de autodescubrimiento, guiado por la validación empática, cultiva un entorno propicio para el crecimiento personal. Los clientes desarrollan una mayor autoaceptación y comprensión, lo que sienta las bases para transformaciones psicológicas y emocionales significativas. Esta evolución conlleva una mayor claridad en las metas personales, una mejor relación con uno mismo y con los demás, y una mayor capacidad de resiliencia ante la adversidad.

5. Desafíos para cultivar la empatía genuina:

Cultivar una empatía genuina en el contexto terapéutico plantea varios desafíos importantes que requieren consideración. Uno de los principales obstáculos es la posibilidad de fatiga emocional y agotamiento, que puede dificultar la capacidad del profesional para mantener conexiones empáticas auténticas con sus clientes. La exposición constante a las profundas dificultades y angustias de los clientes puede afectar negativamente el bienestar emocional del terapeuta, por lo que es crucial implementar estrategias de autocuidado y establecer límites saludables. Además, gestionar las diferencias culturales e individuales presenta otro desafío considerable para fomentar la empatía genuina. Los terapeutas deben reconocer y respetar las diversas perspectivas, creencias y valores, a la vez que intentan comprender y empatizar con los clientes que pueden tener visiones del mundo opuestas. Además, el equilibrio entre mantener el distanciamiento profesional y participar activamente en la comprensión empática puede ser delicado. Lograr este equilibrio es esencial para evitar la sobreidentificación con las experiencias y emociones del cliente, lo cual puede obstaculizar su crecimiento autónomo y autodescubrimiento. Asimismo, la mala interpretación o la incomprensión de las experiencias de un cliente pueden impedir el desarrollo de una empatía genuina. Es fundamental que los terapeutas perfeccionen continuamente sus habilidades de escucha activa y se mantengan abiertos a la retroalimentación, asegurándose de que sus respuestas empáticas reflejen fielmente el mundo interior del cliente. Finalmente, las dinámicas de poder inherentes a la relación terapéutica pueden dificultar el cultivo de una empatía genuina. Los terapeutas deben gestionar continuamente las complejidades de las diferencias de poder para evitar la aparición de actitudes paternalistas y mantener una actitud de humilde curiosidad y apertura.

6. Técnicas para mejorar la comprensión empática:

La empatía requiere un cultivo y un refinamiento deliberados. Los terapeutas que buscan mejorar la comprensión empática suelen emplear diversas técnicas para profundizar su conexión con sus clientes. Una de estas técnicas implica la escucha activa, donde el terapeuta no solo escucha, sino que también comprende las emociones y el significado subyacentes que transmite el cliente. Este proceso exige una participación plena y un interés genuino en las experiencias del cliente. Además, las respuestas reflexivas son una herramienta poderosa para demostrar empatía, ya que demuestran la capacidad del terapeuta para captar y reflejar con precisión los sentimientos y pensamientos del cliente. Asimismo, las señales no verbales, como mantener el contacto visual, adoptar una postura abierta y asentir atentamente, pueden mejorar significativamente la comprensión empática. Estas acciones sutiles pero impactantes transmiten la receptividad del terapeuta y la validación de las emociones del cliente. Asimismo, emplear la técnica de parafrasear permite al terapeuta reiterar las emociones y experiencias expresadas por el cliente con sus propias palabras, validando su perspectiva y fomentando la sensación de ser verdaderamente comprendido. Otra técnica eficaz consiste en explorar y comprender los matices culturales, ya que la empatía trasciende el lenguaje y está profundamente entrelazada con el contexto cultural. Esto requiere ser consciente de las diferencias culturales y el impacto que pueden tener en las expresiones emocionales y las experiencias del cliente. Además, los terapeutas suelen realizar prácticas continuas de autorreflexión y atención plena para mejorar su capacidad de empatía. Al estar en sintonía con sus propias emociones y prejuicios, los terapeutas pueden comprender y conectar mejor con las experiencias de sus clientes. Finalmente, el uso de ejercicios para fomentar la empatía, tanto dentro como fuera del entorno terapéutico, puede ayudar a desarrollar y perfeccionar las habilidades empáticas. Estos ejercicios pueden incluir dramatizaciones o la participación en talleres y sesiones de formación centrados en la empatía.

7. Empatía versus Simpatía y compasión

Empatía, simpatía y compasión se usan a menudo indistintamente, pero representan procesos emocionales y cognitivos distintos dentro del ámbito de la conexión interpersonal. Comprender las diferencias entre estos términos es crucial en el contexto de la terapia centrada en la persona. La empatía implica la capacidad de comprender y compartir los sentimientos de otra persona, a menudo experimentando emociones o perspectivas similares. Implica un esfuerzo activo por ponerse en el lugar del otro y comprender sus experiencias sin perder de vista la propia identidad. En cambio, la simpatía abarca un sentimiento de preocupación o tristeza por la desgracia ajena, sin necesariamente comprender ni compartir sus emociones. Mientras que la empatía se centra en comprender y conectar con la experiencia de la otra persona, la simpatía se centra en expresar cariño y apoyo. La compasión, por otro lado, va más allá de la comprensión y el cariño, e incluye un profundo deseo de aliviar el sufrimiento ajeno. Implica un compromiso genuino para actuar y brindar asistencia a quienes la necesitan, impulsado por un profundo sentido de empatía y benevolencia. Diferenciar la empatía de la compasión y la simpatía es esencial en entornos terapéuticos para garantizar que los pacientes se sientan verdaderamente comprendidos y apoyados. Si bien la simpatía y la compasión contribuyen a fomentar un entorno terapéutico de apoyo, es la empatía la que sienta las bases para construir conexiones genuinas y facilitar el crecimiento personal.

8. El impacto de la empatía en los resultados de la terapia:

Cuando los terapeutas demuestran comprensión empática, los clientes suelen experimentar una reducción de los sentimientos de aislamiento y alienación, lo que fomenta un sentido de conexión y pertenencia. Esta conexión es fundamental para el progreso terapéutico, ya que infunde confianza y bienestar en los clientes, empoderándolos para superar sus dificultades personales con resiliencia y determinación. En esencia, la empatía actúa como catalizador para fomentar un espacio emocionalmente seguro que anima a los clientes a profundizar en los aspectos vulnerables de sus experiencias, sentando las bases para una transformación y un crecimiento significativos.

El impacto de la empatía trasciende el contexto terapéutico inmediato y puede influir profundamente en las experiencias de los clientes después de la terapia. Quienes han recibido un alto nivel de apoyo empático durante la terapia suelen mostrar una mayor regulación emocional, mejores relaciones interpersonales y un mayor sentido de autoeficacia. Estos beneficios duraderos demuestran el impacto duradero de la empatía en el bienestar psicológico y el funcionamiento general de los clientes.

Es fundamental reconocer que el impacto de la empatía en los resultados de la terapia no se limita a los informes subjetivos de los clientes, sino que también se extiende a indicadores clínicos mensurables. Numerosos estudios han demostrado la correlación entre la empatía del terapeuta y la eficacia del tratamiento, ilustrando mejoras en la reducción de síntomas, un mayor cumplimiento terapéutico y la satisfacción general con la terapia. El profundo impacto de la empatía en los resultados de la terapia subraya su papel indispensable para facilitar un cambio significativo y sostenible en el cliente.

Aceptación - Una condición clave en la terapia

1. Introducción a la aceptación en la práctica terapéutica:

La aceptación en el contexto de la práctica terapéutica es fundamental para facilitar el crecimiento significativo del cliente y su autodescubrimiento. En el campo de la terapia centrada en la persona, fomentar un entorno donde las personas se sientan aceptadas incondicionalmente es crucial para cultivar un espacio de auténtica exploración y expresión emocional. Este aspecto fundamental de la aceptación se alinea con los principios fundamentales del enfoque humanista de Carl Rogers para la terapia, enfatizando su papel esencial en la promoción del bienestar psicológico y el desarrollo personal. Al reconocer y aceptar las experiencias, emociones y perspectivas de los clientes sin juzgar ni criticar, los terapeutas pueden establecer una base sólida desde la cual se pueda desarrollar un trabajo terapéutico transformador.

El concepto de aceptación va más allá de la mera tolerancia o reconocimiento; encierra una profunda comprensión genuina y validación del valor inherente del cliente y su potencial de crecimiento. Esta postura empática fomenta la confianza y la comodidad dentro de la relación terapéutica, sentando las bases para que las personas participen en la reflexión introspectiva y la vulnerabilidad. A través de la perspectiva de la consideración positiva incondicional, los profesionales transmiten una creencia inquebrantable en la capacidad del cliente para el cambio autodirigido y la resiliencia emocional, infundiendo un sentido de empoderamiento y esperanza. Además, este énfasis en la aceptación fomenta un ambiente inclusivo y afirmativo que honra la diversidad de las experiencias humanas, promoviendo la inclusión y el respeto por las diferencias individuales.

2. Consideración positiva incondicional:

La consideración positiva incondicional (CPI), propuesta originalmente por Carl Rogers, es una condición esencial para el crecimiento y el cambio terapéuticos. Denota el apoyo y la aceptación constantes e inquebrantables del terapeuta hacia el cliente, independientemente de sus pensamientos, sentimientos o acciones. Como tal, la CPI representa una aceptación incondicional, sin prejuicios, empática y genuina. Este enfoque permite al cliente explorar sus experiencias libremente, sin temor a la crítica ni al rechazo, fomentando así un entorno propicio para el crecimiento personal y la autoexploración.

La clave del concepto de CPI reside en la creencia de que las personas poseen la capacidad innata de crecimiento positivo y autorrealización. Al proporcionar un entorno caracterizado por la CPI, el terapeuta facilita el desarrollo del autoconcepto del cliente, permitiéndole ser más congruente y estar más alineado con su verdadero yo. Este proceso se sustenta en un profundo respeto por la autonomía y las experiencias únicas del cliente, afirmando su valor como individuo independientemente de las deficiencias o dificultades percibidas.

La CPI se aleja de los enfoques terapéuticos tradicionales, autoritarios o dirigidos por expertos. En cambio, refleja una perspectiva profundamente humanista, que enfatiza la igualdad entre el terapeuta y el paciente, así como la importancia de la relación terapéutica como catalizador del cambio. A través de la CPI, el terapeuta reconoce el potencial de crecimiento y empoderamiento del paciente, sirviendo, en última instancia, como un compañero comprensivo y comprensivo en su camino hacia el autodescubrimiento y la realización personal.

En la práctica, la CPI se manifiesta mediante la escucha atenta y reflexiva del terapeuta, la comunicación no verbal y las afirmaciones verbales de las experiencias y emociones del cliente. Implica una profunda atención a la perspectiva única del cliente y un deseo genuino de comprender su mundo sin juzgarlo ni evaluarlo. Además, la CPI exige que el terapeuta abandone todas las nociones preconcebidas, prejuicios y suposiciones, creando así un espacio abierto y seguro para que el cliente se desarrolle y se exprese con autenticidad.

3. Fundamentos teóricos de la aceptación:

En el campo de la terapia centrada en la persona, los fundamentos teóricos de la aceptación son la base de la eficacia terapéutica. Este fundamento se basa en el trabajo pionero de Carl

Rogers, quien enfatizó el valor intrínseco de brindar un entorno empático y sin prejuicios a los clientes. El concepto de aceptación se basa en la premisa de que las personas poseen una inclinación inherente hacia el crecimiento personal y la autorrealización, y es a través de una consideración positiva incondicional que los terapeutas cultivan un ambiente propicio para este proceso de desarrollo. La perspectiva humanista, de la cual surgió la terapia centrada en la persona, enriquece aún más los fundamentos teóricos de la aceptación al enfatizar la autonomía, el libre albedrío y la importancia de la experiencia humana subjetiva. Postula que, al aceptar la totalidad de la realidad subjetiva del cliente, incluyendo tanto sus fortalezas como sus debilidades, los terapeutas pueden fomentar un entorno donde los clientes se sientan valorados, comprendidos y empoderados para explorar su interior. Además, la influencia existencialista en la teoría centrada en la persona subraya la importancia de reconocer la vulnerabilidad humana y la búsqueda de sentido. Desde una perspectiva existencial, la aceptación se convierte en un medio para validar la trayectoria única de cada individuo, reconocer sus dificultades y reconocer la responsabilidad fundamental de elegir y crear su propia existencia. Asimismo, la integración de teorías psicológicas como la teoría de la autodeterminación y la psicología positiva ha ampliado los fundamentos teóricos de la aceptación al destacar el papel fundamental de la autonomía, la competencia y la conexión para fomentar el bienestar y el desarrollo personal. Estas perspectivas complementan el enfoque centrado en la persona al destacar el profundo impacto de la aceptación en la motivación, la resiliencia y la salud mental general de las personas.

4. Técnicas para fomentar la aceptación:

Fomentar la aceptación es un aspecto fundamental de la terapia centrada en la persona, y los profesionales emplean diversas técnicas para fomentar un ambiente de consideración positiva incondicional hacia el cliente. Una técnica fundamental es la escucha activa, donde el terapeuta presta atención completa a las experiencias y emociones del cliente, sin juzgarlo ni interrumpirlo. Al demostrar interés y empatía genuinos, el terapeuta transmite aceptación del mundo interior del cliente, validando sus pensamientos y sentimientos.

Otra técnica eficaz es el diálogo reflexivo, en el que el terapeuta refleja las expresiones y emociones del cliente, reflejando su experiencia de forma no intrusiva. Esto permite que el cliente se sienta comprendido y aceptado, fomentando una autoexploración más profunda y la validación de sus experiencias dentro del entorno terapéutico.

La exploración empática es una técnica que busca reconocer y comprender la perspectiva del cliente sin imponer los valores ni las creencias del terapeuta. A través de la exploración empática, el terapeuta anima al cliente a profundizar en su contexto emocional y a expresarse con autenticidad, fomentando así la aceptación de su identidad y experiencias únicas.

Crear un espacio seguro y sin prejuicios es fundamental para fomentar la aceptación. Técnicas como la reafirmación de la confidencialidad, la reafirmación de la autonomía del cliente y la neutralidad ante diversos puntos de vista contribuyen a crear un entorno donde el cliente se siente incondicionalmente aceptado y valorado por quien es.

Fomentar la aceptación implica promover un clima de apertura y transparencia. Animar a los clientes a expresarse libremente, reconocer y validar sus emociones y evitar imponer sus opiniones facilita el cultivo de un ambiente propicio para la aceptación.

El lenguaje corporal y las señales paraverbales también desempeñan un papel crucial en fomentar la aceptación. Las afirmaciones no verbales, como mantener el contacto visual, asentir para mostrar comprensión y emplear gestos abiertos y acogedores, subrayan la importancia de la narrativa del cliente, indicando aceptación sin depender únicamente de la comunicación verbal.

5. Desafíos para establecer un entorno sin prejuicios:

Establecer un entorno libre de prejuicios dentro del ámbito terapéutico presenta varios desafíos inherentes que los profesionales deben afrontar. Uno de los principales obstáculos radica en las tendencias sociales profundamente arraigadas hacia el juicio y la evaluación. Como individuos, estamos condicionados a evaluar y categorizar a las personas, los comportamientos y las situaciones, a menudo sin ser conscientes. Este hábito arraigado puede permear sutilmente el espacio terapéutico, requiriendo un esfuerzo concertado para superarlo. Además, las diversas perspectivas y sistemas de valores de terapeutas y clientes pueden complicar aún más el establecimiento de un entorno verdaderamente libre de prejuicios. Exige un delicado equilibrio entre el respeto a la individualidad del cliente y el respeto a los límites profesionales y los estándares éticos. Asimismo, los sesgos personales y los prejuicios implícitos pueden influir inconscientemente en el proceso terapéutico, dificultando la facilitación de un entorno libre de juicios. Abordar estos sesgos requiere autoconciencia y un compromiso con la introspección y la formación continuas. Más allá de los desafíos internos, factores externos como los estigmas sociales y las normas culturales pueden influir en la creación de un espacio libre de prejuicios. Los clientes pueden cargar con el peso de las expectativas sociales, lo que genera sentimientos de vergüenza o incompetencia que pueden verse exacerbados por la percepción de juicio dentro del entorno terapéutico. La sensibilidad y la competencia cultural son esenciales para gestionar estas complejas dinámicas. Además, la propia naturaleza de la interacción humana facilita la posibilidad de microagresiones involuntarias o señales sutiles que comunican juicio, incluso cuando no son intencionales.

6. Impacto de la aceptación en el autoconcepto del cliente:

Al fomentar un entorno donde los clientes se sienten aceptados incondicionalmente, los terapeutas les permiten explorar su autoestima e identidad sin temor al juicio ni al rechazo. Esta libertad para expresarse con autenticidad y sin reservas puede tener un profundo impacto en la percepción que el cliente tiene de sí mismo. Desde la perspectiva de la teoría centrada en la persona, la aceptación se considera una condición fundamental para el crecimiento personal y la autorrealización. Los clientes que experimentan una aceptación genuina en el entorno terapéutico suelen mostrar una mayor autoconciencia y un autoconcepto más positivo. Este cambio positivo en la autopercepción puede traducirse en una mayor confianza, asertividad y bienestar emocional en diversos aspectos de su vida. Además, la validación y la comprensión que ofrece la aceptación pueden empoderar a los clientes para desafiar creencias negativas profundamente arraigadas sobre sí mismos, lo que conduce a cambios transformadores en su autoconcepto. Es fundamental reconocer que el impacto de la aceptación en el autoconcepto del cliente se extiende más allá de las sesiones de terapia, influyendo en sus interacciones, relaciones y en su enfoque general de la vida. A medida que los clientes internalizan la aceptación experimentada en la terapia, están mejor preparados para afrontar los desafíos, aceptar la vulnerabilidad y buscar el desarrollo personal con un renovado sentido de propósito. Además, el impacto de la aceptación en el autoconcepto del cliente subraya la responsabilidad ética y moral de los terapeutas de crear un espacio libre de prejuicios que fomente el crecimiento y el empoderamiento.

7. La integración de la aceptación con la empatía y la congruencia:

La aceptación, como una consideración positiva incondicional hacia el cliente, sienta las bases para incorporar eficazmente la empatía y la congruencia. La capacidad del consejero para empatizar con las experiencias, emociones y perspectivas del cliente permite una comprensión más profunda de su mundo interior. Cuando la aceptación sustenta esta comprensión empática, le transmite al cliente su valor y dignidad intrínsecos, fomentando un entorno de confianza y seguridad. De igual manera, la congruencia, o autenticidad, en la relación terapéutica se fortalece al combinarse con la aceptación. La expresión transparente y auténtica de los propios pensamientos, sentimientos y reacciones del consejero, en el marco de la aceptación, promueve una apertura mutua que fomenta la exploración honesta y la autorrevelación por parte del cliente. La integración de estas tres condiciones fundamentales —aceptación, empatía y congruencia— forma una poderosa tríada que apoya el camino del cliente hacia la autorrealización y el bienestar psicológico. Mediante estudios empíricos y observaciones clínicas, se ha demostrado que la sinergia de estas condiciones en la terapia potencia la eficacia del enfoque centrado en la persona. Las investigaciones han destacado el impacto positivo de integrar la aceptación, la empatía y la congruencia en la satisfacción del cliente, los resultados terapéuticos y el desarrollo de una sólida alianza terapéutica. Además, se ha demostrado que la incorporación de estas condiciones fundamentales tiene una influencia significativa no solo en la terapia individual, sino también en entornos grupales y familiares. Comparativamente, la interacción única entre estas condiciones centrales distingue al enfoque centrado en la persona de otras modalidades terapéuticas. Mientras que las terapias cognitivo-conductuales enfatizan las intervenciones estructuradas y el desarrollo de habilidades, el modelo centrado en la persona se centra en facilitar el potencial natural de crecimiento del cliente, a través de la dinámica relacional sustentada por la integración de la aceptación, la empatía y la congruencia. Por el contrario, las terapias psicodinámicas a menudo se centran en explorar dinámicas inconscientes y experiencias tempranas de la vida, con menos énfasis en la inmediatez de la relación terapéutica establecida a través de la consideración positiva incondicional, la empatía y la autenticidad.

EL AUTOCONCEPTO Y LAS CONDICIONES DE VALOR

El autoconcepto - Naturaleza y desarrollo

1. Perspectivas fundamentales:

El autoconcepto, un concepto central en la literatura psicológica, se define fundamentalmente como la percepción y comprensión que un individuo tiene de sí mismo. En esencia, el autoconcepto abarca creencias, actitudes y valores que configuran la identidad y la autoconciencia. Al explorar el autoconcepto en la literatura psicológica, se hace evidente que su comprensión ha evolucionado significativamente con el tiempo, influenciada por diversas perspectivas teóricas e investigaciones empíricas. Las perspectivas fundamentales sobre el autoconcepto destacan su naturaleza multidimensional, incorporando componentes cognitivos, afectivos y conductuales. Estos componentes contribuyen colectivamente a la percepción del Yo del individuo, influyendo en sus pensamientos, emociones y comportamientos.

Las afirmaciones clave sobre el autoconcepto enfatizan su naturaleza dinámica y adaptativa, reconociendo que experimenta un desarrollo y perfeccionamiento continuos a lo largo de la vida. Los marcos psicológicos han sido fundamentales para esclarecer la complejidad del autoconcepto, dilucidando cómo se configura a través de procesos internos y factores externos como las interacciones sociales y las influencias culturales. Además, la comprensión del autoconcepto abarca la diferenciación entre diversas facetas del Yo, incluyendo el Yo real, el Yo ideal y el Yo ideal, cada una de las cuales desempeña un papel distinto en la configuración de la autopercepción de un individuo.

2. Evolución histórica de las teorías del autoconcepto:

Las teorías del autoconcepto no solo han influido en la investigación y la práctica psicológica, sino que también han dejado una huella imborrable en el discurso más amplio sobre la identidad y el crecimiento personal. El recorrido por la evolución de estas teorías comienza con William James, cuyo trabajo pionero a finales del siglo XIX sentó las bases de las concepciones modernas del Yo. James propuso el concepto deL «yo» como un sistema complejo de pensamientos, sentimientos y sensaciones que configuran la experiencia subjetiva que un individuo tiene de su propia existencia. Esta noción sentó las bases para que futuros investigadores profundizaran en la naturaleza de la individualidad.

El siguiente hito significativo en la evolución histórica de las teorías del autoconcepto se atribuye a George Herbert Mead, figura destacada de la psicología social. Su teoría del «yo» enfatizó el papel de la interacción social en el desarrollo de la identidad personal. Según Mead, el Yo no es innato, sino que surge a través de las interacciones del individuo con otros en su entorno social. Esta perspectiva sociológica revolucionó las nociones existentes del Yo, destacando su naturaleza dinámica y adaptable.

Los desarrollos posteriores a principios del siglo XX vieron surgir las teorías psicoanalíticas, en particular las de Sigmund Freud y Carl Jung. Los conceptos freudianos del Ello, el Yo y el Superyó, así como los arquetipos y el inconsciente colectivo de Jung, introdujeron la psicología profunda y el inconsciente como factores influyentes en la autopercepción. Estas teorías llamaron la atención sobre la interacción entre los elementos conscientes e inconscientes en la formación de la identidad propia y proporcionaron una nueva perspectiva para comprender el comportamiento humano.

A mediados del siglo XX, este campo fue testigo del surgimiento de la psicología humanista, marcada notablemente por las contribuciones de Abraham Maslow y Carl Rogers. El enfoque humanista enfatizaba la capacidad del individuo para el crecimiento personal, la autorrealización y la búsqueda de valores intrínsecos. La jerarquía de necesidades de Maslow y la teoría centrada en la persona de Rogers elevaron la importancia de la autorrealización y la consideración positiva incondicional para fomentar un autoconcepto saludable. Estas perspectivas humanistas se distanciaron radicalmente de las perspectivas deterministas de los paradigmas psicológicos anteriores y redefinieron la conceptualización del Yo como inherentemente capaz de alcanzar una mayor plenitud.

3. Marcos psicológicos para la comprensión del Yo:

Un marco destacado es la teoría psicoanalítica propuesta por Sigmund Freud, que enfatiza el papel de los procesos inconscientes y las experiencias de la primera infancia en la formación del Yo. Según Freud, el Yo surge como resultado de la interacción entre el ello, el Yo y el superyó, formando una estructura compleja que influye en los pensamientos, emociones y comportamientos del individuo. Basándose en esto, la teoría psicosocial de Erik Erikson describe el papel fundamental de las interacciones sociales y los hitos del desarrollo en la formación de la identidad a lo largo de la vida. Más allá de los paradigmas psicoanalíticos, psicólogos humanistas como Carl Rogers afirmaron la importancia de la autorrealización y la bondad inherente a los individuos, centrándose en la importancia de las experiencias subjetivas y el crecimiento personal. Además, la teoría cognitiva social, defendida por Albert Bandura, arroja luz sobre cómo se desarrolla el autoconcepto a través del aprendizaje observacional, las creencias de autoeficacia y la influencia de refuerzos externos. Además, desde una perspectiva sociocultural, los psicólogos culturales han enfatizado el impacto de las normas sociales, los valores y las prácticas culturales en la formación del Yo en diversos contextos culturales. Han destacado el concepto de autoconcepto independiente versus interdependiente, delineando cómo los individuos se perciben a sí mismos en relación con los demás. Asimismo, el marco cognitivo-conductual examina la interacción recíproca entre los procesos cognitivos, las experiencias emocionales y los patrones de comportamiento en la formación de la autopercepción y la autoestima. Estas conceptualizaciones subrayan la compleja interacción entre las cogniciones internas, las influencias externas y la agencia individual en la formación del Yo.

4. Componentes del autoconcepto:

El autoconcepto es un constructo complejo y multifacético que abarca diversos componentes, incluyendo aspectos cognitivos, afectivos y conductuales. Comprender estos componentes es crucial para comprender la profundidad y las complejidades de la autopercepción de un individuo. Los componentes cognitivos se refieren a los pensamientos, creencias y percepciones que las personas tienen sobre sí mismas. Estos incluyen autoevaluaciones, habilidades autopercibidas y el marco cognitivo general a través del cual uno se ve a sí mismo. Los componentes afectivos pertenecen a los aspectos emocionales y evaluativos del autoconcepto. Esto involucra los sentimientos, actitudes y respuestas emocionales que las personas tienen hacia sí mismas, así como las reacciones emocionales provocadas por estímulos autorelevantes. El componente afectivo influye significativamente en la autoestima, la autovaloración y el bienestar emocional.

El componente conductual del autoconcepto abarca las acciones y comportamientos observables que exhiben las personas en diferentes situaciones. Estos comportamientos suelen reflejar el autoconcepto y pueden verse influenciados por las diferencias individuales, los factores ambientales y los contextos situacionales. Las personas pueden adoptar comportamientos coherentes con su autoconcepto, reforzando así su autoidentidad y los rasgos percibidos. Comprender la interacción entre los componentes cognitivos, afectivos y conductuales permite un análisis exhaustivo de cómo las personas se perciben e interpretan a sí mismas en diversos entornos y circunstancias.

El componente cognitivo del autoconcepto se configura mediante procesos cognitivos internos como la autorreflexión, la autoevaluación y la asimilación de la retroalimentación del entorno. Influye en la formación de creencias sobre los atributos personales, las fortalezas, las debilidades y la autoestima general. Además, los procesos cognitivos de las personas desempeñan un papel fundamental en la formación de su autoesquema, que abarca el conjunto organizado de creencias y percepciones sobre sí mismas que guían el procesamiento de la información e influyen en el comportamiento. Por otro lado, el componente afectivo está estrechamente vinculado a las experiencias emocionales, la autoestima y la regulación emocional. Los estados emocionales influyen en la autoevaluación, impactando en las autopercepciones, los niveles de confianza y la estabilidad emocional. Como tal, el componente afectivo afecta profundamente el bienestar y el funcionamiento adaptativo de una persona.

Finalmente, el componente conductual del autoconcepto se manifiesta en las acciones, elecciones y respuestas demostradas en contextos interpersonales, sociales y ambientales. Estas manifestaciones conductuales están interconectadas con los componentes cognitivos y afectivos, y a menudo reflejan las creencias, emociones y autoevaluaciones de un individuo. Además, el componente conductual también abarca la puesta en práctica de la coherencia del autoconcepto, donde las personas se esfuerzan por alinear sus comportamientos con las características que perciben como propias.

5. El papel de la interacción social en el desarrollo del autoconcepto:

La interacción social desempeña un papel fundamental en la formación del autoconcepto individual, influyendo en sus creencias, actitudes y comportamientos. A través de diversas formas de interacción social, las personas se exponen a retroalimentación, evaluaciones y comparaciones que contribuyen significativamente al desarrollo de su autoconcepto. La importancia de la interacción social en el desarrollo del autoconcepto se ve subrayada por varias teorías psicológicas destacadas, como el interaccionismo simbólico y la teoría de la identidad social. El interaccionismo simbólico postula que las personas desarrollan un sentido de identidad a través de las interacciones con los demás, donde el lenguaje, los símbolos y los gestos desempeñan un papel vital en la formación del autoconcepto. Esta teoría destaca la naturaleza dinámica del Yo, que se moldea y reconfigura continuamente a través de los intercambios sociales. Además, la teoría de la identidad social enfatiza la influencia de la pertenencia a grupos y la categorización social en la formación del autoconcepto, destacando el impacto de los contextos sociales en la percepción que las personas tienen de sí mismas. Es en el ámbito de la interacción social donde las personas reciben retroalimentación sobre sus habilidades, fortalezas y debilidades, lo que influye en sus autoevaluaciones y autopercepciones. Ya sea a través de las relaciones interpersonales, la dinámica de grupo o las normas sociales, las interacciones sociales sirven como espejos que reflejan las percepciones del Yo. Además, el proceso de comparación social, propuesto por el psicólogo social Leon Festinger, ilustra cómo las personas evalúan sus propias habilidades y opiniones comparándose con los demás. Dichas comparaciones pueden conducir a una comparación social ascendente, donde las personas se comparan con quienes perciben como superiores, o a una comparación social descendente, donde las personas se comparan con quienes se consideran inferiores. Ambas formas de comparación social pueden afectar el autoconcepto de una persona, influyendo en los sentimientos de competencia, autoestima e identidad. Además, la influencia de la interacción social en el autoconcepto se extiende más allá de las meras comparaciones, abarcando la validación de la propia identidad, la aceptación dentro de los grupos sociales y la internalización de valores y normas compartidos. Por ejemplo, las personas pueden experimentar la validación y la afirmación de su autoconcepto a través de la retroalimentación social positiva, lo que lleva a una mayor confianza y una autopercepción más positiva. Por el contrario, el rechazo social o la estigmatización pueden afectar significativamente el autoconcepto, dando lugar potencialmente a creencias negativas sobre uno mismo y a una disminución de la autoestima.

6. Influencia de la cultura y la sociedad en la autopercepción:

La cultura y la sociedad ejercen una profunda influencia en la autopercepción individual, moldeando cómo las personas se perciben a sí mismas y sus roles dentro del contexto social más amplio. Las normas, valores y prácticas culturales desempeñan un papel fundamental en la formación del autoconcepto de las personas a medida que se adaptan a las diferentes influencias sociales. Desde una edad temprana, las personas están inmersas en un entorno cultural que dicta los estándares aceptables de comportamiento, apariencia y rasgos personales. A medida que los niños crecen, internalizan estas normas culturales, lo que impacta significativamente en el desarrollo de su identidad. Además, los constructos sociales de género, raza, etnia y estatus socioeconómico moldean aún más la percepción que las personas tienen de sí mismas y de los demás.

La interacción entre la cultura y la autopercepción es dinámica y compleja. Diversas prácticas, rituales y tradiciones culturales contribuyen a la formación de la identidad, influyendo en las creencias, actitudes y comportamientos. Por ejemplo, en culturas colectivistas, el énfasis en la armonía y la interdependencia grupales puede llevar a las personas a priorizar los valores comunitarios sobre las aspiraciones personales, fomentando así un autoconcepto distintivo centrado en la interconexión y las relaciones. Por el contrario, en sociedades individualistas, el enfoque en la autonomía y la autoexpresión puede cultivar un autoconcepto caracterizado por la independencia y el logro individual.

Las narrativas culturales y las representaciones mediáticas también influyen significativamente en la autopercepción individual. Las representaciones de los estándares de belleza, el éxito y las expectativas sociales pueden moldear la autoestima y la valía personal. Además, la prevalencia de estereotipos y sesgos en una cultura determinada puede impactar profundamente el autoconcepto de los grupos marginados, contribuyendo a sentimientos de alteridad y exclusión. La perpetuación de representaciones estereotipadas puede impedir que las personas desarrollen un autoconcepto positivo, inculcando sentimientos de incompetencia y dudas sobre sí mismas.

La interacción entre la cultura y la autopercepción trasciende el ámbito individual para abarcar estructuras sociales más amplias. Los sistemas de privilegio y opresión se entrecruzan con las narrativas culturales, perpetuando las desigualdades que configuran el autoconcepto de las personas dentro de comunidades marginadas. La experiencia de discriminación o estigmatización basada en identidades culturales puede afectar negativamente la autoestima y la autoeficacia de las personas, mermando su bienestar psicológico.

7. Etapas del desarrollo - Desde la infancia hasta la adolescencia:

Durante la primera infancia, la formación del autoconcepto comienza a medida que los niños comienzan a desarrollar una conciencia de sí mismos como seres separados de los demás. Esta etapa se caracteriza por un enfoque en características concretas como el género, la edad y los atributos físicos. A medida que los niños entran en la infancia media, su autoconcepto se vuelve más complejo e incorpora comparaciones sociales con sus compañeros, logros académicos y relaciones con familiares y amigos. La retroalimentación que reciben de otras personas significativas, como padres y maestros, influye significativamente en el desarrollo de su autoconcepto.

A medida que los niños entran en la adolescencia, su autoconcepto evoluciona. Los adolescentes se vuelven más introspectivos y conscientes de sí mismos mientras intentan establecer su identidad y su lugar en el mundo. Pueden participar en la autorreflexión, explorando sus valores, creencias y aspiraciones, lo que contribuye al refinamiento de su autoconcepto. Además, la influencia de los compañeros se vuelve más significativa durante esta etapa, impactando la percepción que los adolescentes tienen de sí mismos y de su posición social.

Es fundamental considerar el papel de las expectativas sociales y las normas culturales durante estas etapas del desarrollo. Los antecedentes culturales y los valores sociales moldean las narrativas que las personas utilizan para definirse, lo que influye en su autoconcepto. Además, la exposición a los medios de comunicación y a los avances tecnológicos también se ha convertido en un factor importante en el autoconcepto de los adolescentes, impactando la imagen corporal y la autoestima.

8. Autoconcepto en la edad adulta - Estabilidad y cambio:

La transición de la adolescencia a la adultez se caracteriza por cambios significativos en el autoconcepto. Durante este período, las personas se esfuerzan por establecer una identidad coherente y estable que abarque sus roles, valores y creencias. El autoconcepto en la adultez exhibe estabilidad y cambio, al verse influenciado por diversos factores internos y externos. A medida que las personas atraviesan las complejidades de la vida adulta, a menudo se encuentran con hitos cruciales, como el progreso profesional, las relaciones interpersonales, la paternidad y los logros personales, que impulsan la reevaluación de su autoconcepto. Este proceso de autorreflexión permite a las personas evaluar su progreso en la alineación de su yo real con su yo ideal, considerando también las expectativas sociales y las aspiraciones personales.

Las investigaciones indican que los elementos fundamentales del autoconcepto tienden a permanecer relativamente estables a lo largo de la edad adulta. Esta estabilidad proporciona una sensación de continuidad y coherencia, lo que permite a las personas mantener un sentido de identidad consistente a pesar del dinamismo de la vida. Sin embargo, es importante reconocer que el autoconcepto en la edad adulta no es completamente estático; más bien, experimenta una evolución continua en respuesta a las experiencias vitales, el cambio de prioridades y la evolución de los roles sociales. Los cambios en el autoconcepto pueden ocurrir como respuesta a eventos vitales importantes, como el matrimonio, el divorcio, las transiciones profesionales o las pérdidas personales, lo que impulsa a las personas a reevaluar sus valores, prioridades y percepciones de sí mismas.

El concepto del Yo posible cobra cada vez mayor relevancia durante la edad adulta, a medida que las personas se enfrentan a la realización de su potencial y sus metas. Ya sea al esforzarse por alcanzar sus aspiraciones profesionales, cumplir con sus responsabilidades familiares o buscar el crecimiento personal, los adultos negocian constantemente entre su yo actual y su yo futuro imaginado. Esta negociación implica conciliar las exigencias del "yo ideal" con sus capacidades y deseos realistas, lo que a menudo conduce a mejoras en el autoconcepto. Cuando las personas perciben discrepancias entre su yo actual y su yo ideal, pueden surgir sentimientos de insatisfacción o un deseo de crecimiento personal, lo que impulsa esfuerzos deliberados por superar las brechas.

La expansión de las redes sociales y la exposición a diversas perspectivas en la edad adulta contribuyen al refinamiento y fortalecimiento del autoconcepto. La interacción con una gama más amplia de personas y la participación en diversos roles sociales pueden desafiar las autopercepciones existentes, fomentando el desarrollo personal y una mayor autoconciencia. A medida que las personas se enfrentan a nuevos contextos culturales, ocupacionales y relacionales, asimilan aspectos novedosos en su autoconcepto, lo que puede impulsar revisiones para dar cabida a estas dimensiones ampliadas.

9. Divergencia entre el Yo real, el ideal y el Yo deseable:

El concepto de la teoría de la autodiscrepancia, propuesto por el psicólogo E. Tory Higgins, arroja luz sobre la divergencia entre el Yo real, el ideal y el Yo ideal, abarcando las interacciones entre estas autoguías. El Yo real representa la percepción que un individuo tiene de sus atributos y cualidades actuales, reflejando el estado actual de su autoconcepto. En contraste, el Yo ideal encarna la representación de las aspiraciones, deseos y metas de un individuo, enfatizando la visión idealizada y perfecta de uno mismo. Por otro lado, el Yo ideal se refiere a la internalización de estándares sociales o interpersonales, definidos por un conjunto de obligaciones, deberes y responsabilidades que un individuo se siente obligado a cumplir. Comprender el conflicto y la congruencia entre estas autorepresentaciones es fundamental para comprender la motivación, las emociones y el comportamiento humanos. Las discrepancias entre el Yo real y el ideal a menudo contribuyen a sentimientos de decepción, insatisfacción y descontento, impulsando a las personas a esforzarse por el crecimiento y el logro personal. Por el contrario, las discrepancias entre el Yo real y el Yo ideal pueden generar sentimientos de culpa, obligación y ansiedad, lo que lleva a las personas a centrarse en el cumplimiento de deberes y responsabilidades percibidos. Además, la falta de alineación entre estas autoguías puede influir en el bienestar psicológico de una persona, impactando su autoestima, autovaloración y satisfacción vital general. Las investigaciones indican que las personas que experimentan desajustes significativos entre su yo real, ideal y el Yo ideal son más susceptibles al malestar emocional, estrategias de afrontamiento desadaptativas y niveles más bajos de bienestar subjetivo. En consecuencia, las intervenciones dirigidas a reducir las autodiscrepancias y promover la integración armoniosa de estas autoguías son cruciales para fomentar la salud mental y el desarrollo de un autoconcepto positivo. Se han empleado enfoques terapéuticos como las técnicas cognitivo-conductuales, la terapia narrativa y las intervenciones de autoafirmación para facilitar la reconciliación adaptativa de las autodiscrepancias, animando a las personas a adoptar un autoconcepto más coherente y equilibrado.

10. Métodos para mejorar un autoconcepto positivo:

Desarrollar y mantener un autoconcepto positivo es crucial para el bienestar general y el éxito en diversos ámbitos de la vida. Un enfoque eficaz consiste en fomentar la autoconciencia mediante prácticas reflexivas como el diario, la atención plena y ejercicios de autoevaluación. Al comprender mejor las fortalezas, los valores y los logros propios, las personas pueden contrarrestar las autopercepciones negativas y cultivar una visión más equilibrada de sí mismas.

Otro método esencial para fortalecer el autoconcepto consiste en establecer metas realistas y alcanzables. Unos objetivos claros proporcionan un sentido de propósito y dirección, lo que conduce a una mayor autoeficacia y confianza. Además, participar activamente en actividades alineadas con los intereses y pasiones personales puede contribuir a una mayor autoestima. Ya sea dedicarse a aficiones, hacer voluntariado o participar en proyectos significativos, estas iniciativas pueden reforzar una identidad positiva y afirmar el valor de la persona en su contexto social y cultural.

Cultivar relaciones de apoyo es fundamental para fortalecer un autoconcepto positivo. Las conexiones sociales ofrecen validación, aceptación y retroalimentación constructiva, elementos esenciales para una autoestima saludable. Establecer y mantener vínculos significativos con los demás fomenta un sentido de pertenencia y conexión, lo que mejora la autoimagen y la resiliencia ante los desafíos.

Además de las relaciones interpersonales, buscar orientación y apoyo profesional puede ser fundamental para fomentar un autoconcepto positivo. La terapia cognitivo-conductual (TCC) y otras modalidades terapéuticas basadas en la evidencia pueden ayudar a las personas a desafiar patrones de pensamiento distorsionados, abordar inseguridades subyacentes y desarrollar estrategias de afrontamiento adaptativas. Mediante intervenciones específicas, las personas pueden replantear sus creencias negativas y construir un autoconcepto más positivo y realista.

También es importante reconocer el impacto de las influencias sociales en el autoconcepto y la autoestima. Abordar los sesgos internalizados, los estereotipos y los estándares sociales poco realistas es crucial para fomentar un autoconcepto positivo e inclusivo. Defender la diversidad, la equidad y la representación promueve un entorno social más tolerante y empoderador, que permite a personas de diversos orígenes aceptar sus identidades y experiencias únicas.

Los orígenes y el impacto de las condiciones de valor

1. Contexto histórico y fundamentos teóricos:

El concepto de condiciones de valía tiene sus raíces en el enfoque humanista de la psicología, que surgió como respuesta a los paradigmas conductistas y psicoanalíticos dominantes a principios y mediados del siglo XX. Psicólogos humanistas, como Carl Rogers, enfatizaron la importancia de la experiencia subjetiva, el crecimiento personal y la autorrealización para comprender el comportamiento humano. Uno de los principios centrales de la psicología humanista es la creencia de que los individuos tienen un impulso innato hacia la autorrealización y el desarrollo de su potencial. Fue en este marco que Rogers desarrolló su teoría de la personalidad, haciendo especial hincapié en el autoconcepto y su formación. Para comprender el contexto histórico de las condiciones de valía, es necesario reconocer las influencias culturales y filosóficas predominantes en su época. Mediados del siglo XX marcó un período de inmensos cambios sociales, caracterizado por las secuelas de la Segunda Guerra Mundial y el auge del consumismo. La filosofía existencialista también cobró prominencia, con existencialistas como Jean-Paul Sartre y Albert Camus explorando temas como la libertad individual, la elección y la existencia auténtica. Estas corrientes intelectuales convergieron para crear un terreno fértil para el surgimiento de la psicología humanista y su enfoque en la experiencia subjetiva del individuo y la búsqueda de autenticidad. Además, los fundamentos teóricos de las condiciones de valía se remontan al trabajo pionero de Rogers en la terapia centrada en el cliente, donde observó el profundo impacto de la consideración positiva condicional en el bienestar psicológico de los pacientes.

2. Aclaraciones conceptuales:

Las condiciones de valía se refieren a las condiciones bajo las cuales las personas creen que pueden obtener una consideración positiva de sus seres queridos, como padres, maestros y compañeros. Estas condiciones moldean el autoconcepto de una persona e influyen en sus comportamientos, decisiones y experiencias emocionales. Es crucial aclarar el concepto de condiciones de valía para comprender su profundo impacto en el desarrollo y el bienestar humanos. En esencia, las condiciones de valía son el conjunto de estándares o criterios que una persona internaliza de su entorno social como necesarios para recibir amor, aceptación y aprobación. Estos estándares pueden ser explícitos o implícitos, comunicados mediante declaraciones directas o inferidos del comportamiento de figuras influyentes en la vida de una persona. Una distinción esencial radica en la diferenciación entre la consideración positiva incondicional y la consideración positiva condicional. La consideración positiva incondicional fomenta un autoconcepto saludable, permitiendo a las personas aceptarse a sí mismas a pesar de sus imperfecciones, mientras que la consideración positiva condicional vincula el amor y la aprobación al cumplimiento de ciertos estándares o expectativas, lo que conduce a la formación de condiciones de valía. En esencia, las condiciones de valía se basan en la creencia de que la valía de una persona para recibir amor y aceptación depende del cumplimiento de estándares externos o de la realización de roles o ideales específicos. Esta influencia generalizada comienza en la primera infancia, donde los niños internalizan estas condiciones a partir de las interacciones con sus padres, cuidadores y otras figuras de autoridad. A medida que crecen, estas condiciones se arraigan profundamente en su autoconcepto, moldeando la percepción que tienen de sí mismos e impactando diversos aspectos de sus vidas. El efecto de las condiciones de valía se extiende más allá de los estados mentales y emocionales de las personas, influyendo en sus relaciones, elecciones profesionales y satisfacción vital general. Al explorar los fundamentos conceptuales de las condiciones de valía, obtenemos información valiosa sobre la dinámica del comportamiento humano, la motivación y la resiliencia. Esta comprensión sienta las bases para abordar el impacto negativo de las condiciones de valía rígidas y para idear estrategias que promuevan el desarrollo de autoconceptos auténticos y congruentes, libres de las limitaciones de la validación externa.

3. Influencias parentales y experiencias tempranas de la vida:

Durante los años de formación, los niños son muy susceptibles a las actitudes, creencias y comportamientos de sus cuidadores principales. La forma en que los padres interactúan con sus hijos, los elogian o critican, y establecen expectativas puede influir profundamente en la percepción que el niño tiene de su propio valor.

La calidad del amor y la aceptación parentales es un factor determinante en la formación del autoconcepto del niño y la internalización de condiciones de valía. La consideración positiva incondicional de los padres fomenta en el niño un sentido de seguridad y valía, permitiéndole desarrollar un autoconcepto sano y auténtico. Por el contrario, la aceptación condicional, caracterizada por el amor y la aprobación solo cuando se cumplen ciertos estándares, puede inculcar la confianza en la validación externa y conducir a la adopción de condiciones de valía.

Las experiencias tempranas en el entorno familiar pueden contribuir significativamente al establecimiento de condiciones de valía. La dinámica fraternal, el favoritismo parental y la dinámica familiar tienen el potencial de moldear la forma en que una persona percibe su valía y las condiciones que cree que debe cumplir para recibir amor, aprobación y aceptación.

Las investigaciones indican que los niños criados en entornos donde el amor y la afirmación dependen del cumplimiento de criterios específicos son más propensos a desarrollar un autoconcepto fragmentado, lidiando con sentimientos de incompetencia e inutilidad. El impacto de estas experiencias tempranas suele extenderse a la adolescencia y la edad adulta, influyendo en las relaciones, las decisiones profesionales y el bienestar general.

4. Las normas sociales y su contribución a las condiciones de valor:

Las normas sociales son creencias y comportamientos colectivos profundamente arraigados que se aceptan como estándar en una sociedad o comunidad. Desde temprana edad, las personas están expuestas a las normas sociales a través de diversos canales, como la familia, los medios de comunicación, los grupos de iguales y las instituciones educativas. Estas normas suelen dictar lo que se considera deseable o indeseable, aceptable o inaceptable, y exitoso o no en un contexto social determinado. A medida que los niños crecen y se desarrollan, internalizan estas normas sociales, lo que a su vez influye en la formación de sus propios estándares y valores personales. En consecuencia, las normas sociales se vuelven fundamentales en la configuración de las condiciones de valía de un individuo. Las normas sociales pueden crear presiones y expectativas que llevan a las personas a buscar la validación y la aprobación de los demás basándose en la conformidad con estas normas. Esta adhesión a los estándares sociales puede afectar significativamente el autoconcepto y la autoestima de una persona, ya que pueden sentirse obligados a cumplir con los estándares externos en lugar de aceptar su yo auténtico. Además, las normas sociales pueden perpetuar estereotipos y prejuicios, lo que lleva a la marginación de personas que no encajan en el molde establecido. La influencia generalizada de las normas sociales trasciende las dinámicas interpersonales y permea diversos aspectos de la vida, como la elección de carrera, las relaciones y las aspiraciones personales.

5. El papel de los sistemas educativos en la configuración de las condiciones de valor:

Los sistemas educativos desempeñan un papel fundamental en la formación de las condiciones de valor de las personas, lo que a su vez influye significativamente en el desarrollo de su autoconcepto y su bienestar psicológico general. En diversas culturas y sociedades, las instituciones educativas sirven como entornos primarios donde niños y jóvenes se socializan y se exponen a las normas, valores y expectativas sociales.

Un aspecto importante a considerar es el propio currículo, que a menudo refleja las creencias, estándares e ideales predominantes en una sociedad determinada. Las materias impartidas, la forma en que se imparten y los mensajes implícitos que se transmiten a través de los materiales educativos contribuyen a la formación de las creencias individuales sobre lo que se considera valioso, digno y deseable. A medida que los estudiantes avanzan en el sistema educativo, se les instruye implícitamente sobre qué conocimientos, habilidades y atributos se valoran y recompensan, internalizando así estas expectativas sociales como componentes de su propia autoestima.

El enfoque pedagógico empleado por los educadores puede influir significativamente en las condiciones de valor de los estudiantes. Ya sea que un entorno educativo fomente el aprendizaje participativo, el pensamiento crítico y el diálogo inclusivo, o que enfatice la conformidad rígida, la memorización mecánica y las evaluaciones estandarizadas, impacta profundamente la percepción que los individuos tienen de sí mismos en relación con los estándares sociales. Además, las actitudes y comportamientos de los educadores hacia los estudiantes, incluyendo el reconocimiento, los elogios y la retroalimentación constructiva, pueden perpetuar o cuestionar inadvertidamente las condiciones de valor, influyendo en la percepción que los estudiantes tienen de su valor inherente y su aceptación.

Más allá del currículo formal y los métodos de instrucción, la estructura jerárquica y la dinámica social dentro de los entornos educativos también contribuyen a la internalización de las condiciones de valor. Los estudiantes pueden experimentar presión social, comparaciones sociales y evaluaciones de desempeño que refuerzan la idea de que el valor depende del cumplimiento de estándares externos. Además, las políticas institucionales, como los sistemas de seguimiento, las escalas de calificación y el acceso a recursos, pueden consolidar o mitigar aún más el impacto de las condiciones de valor en el contexto educativo.

6. Impacto en el desarrollo de la personalidad y el bienestar emocional:

A medida que las personas lidian con las complejidades de sus años de formación, los ideales y expectativas que les imponen las influencias externas, como sus padres, maestros y las normas sociales, desempeñan un papel fundamental en la formación de su autoconcepto y su salud psicológica general. La internalización de estas condiciones de valía a menudo genera una sensación generalizada de incompetencia o indignidad, lo que conlleva profundas implicaciones para el bienestar emocional de la persona.

La búsqueda constante de validación externa basada en estas condiciones puede fomentar una mentalidad en la que la autoestima depende del cumplimiento de criterios predefinidos. Este ciclo perpetuo puede afectar negativamente la capacidad de una persona para cultivar una autoestima auténtica y conducir a una mayor vulnerabilidad a la ansiedad, la depresión y otros problemas de salud mental. La imposición de condiciones de valía puede limitar la capacidad de una persona para aceptarse a sí misma y obstaculizar el desarrollo de una personalidad resiliente y adaptativa.

La internalización de la aceptación y aprobación condicionales puede llevar a las personas a priorizar la validación externa sobre la satisfacción intrínseca. Esta dependencia de fuentes externas de validación puede inhibir la exploración de las propias pasiones y aspiraciones, obstaculizando así la formación de una identidad coherente y auténtica. En consecuencia, las personas pueden experimentar una disonancia entre su verdadero yo y las personas creadas para satisfacer las expectativas externas, lo que genera conflicto interno e insatisfacción.

7. Condiciones de valor en diferentes paisajes culturales:

Al explorar las condiciones de valía en diferentes contextos culturales, se hace evidente que los factores sociales y familiares que influyen en la autoestima de un individuo están profundamente influenciados por las normas, valores y tradiciones culturales. La diversidad cultural desempeña un papel fundamental en la configuración de las manifestaciones de las condiciones de valía en diversas comunidades, lo que genera distintas percepciones de aceptación, aprobación y validación. La interacción entre las dinámicas culturales y las condiciones de valía genera un rico entramado de experiencias y expectativas que impactan significativamente el autoconcepto y el bienestar emocional de un individuo.

En culturas colectivistas, como las que se encuentran en muchas sociedades asiáticas, africanas y latinoamericanas, la importancia de la armonía y la interconexión comunitarias a menudo conduce a un énfasis en la conformidad, la interdependencia y la adhesión a las normas grupales. En estos contextos culturales, el concepto de sí mismo se vincula con las expectativas familiares y sociales, lo que influye en el desarrollo de condiciones de valía centradas en el honor familiar, el deber y la obediencia. Como resultado, las personas de culturas colectivistas pueden experimentar intensas presiones para cumplir con las obligaciones comunitarias y mantener un sentido de pertenencia dentro de su marco cultural, lo que en última instancia configura sus condiciones de valía internalizadas. La interdependencia intrínseca que prevalece en estas culturas fomenta un entorno donde la aceptación social y la conformidad influyen considerablemente en la autoevaluación y la valía percibida de un individuo.

Por el contrario, las culturas individualistas, especialmente prevalentes en sociedades occidentales como Estados Unidos y gran parte de Europa, promueven la autonomía, la autoexpresión y el logro personal como valores fundamentales. En estos entornos, las condiciones de valía pueden manifestarse a través de la búsqueda del éxito individual, el reconocimiento y la independencia. La autoestima y la valía pueden estar estrechamente vinculadas a los logros, las competencias y los atributos únicos, lo que refleja el énfasis cultural en la autonomía y la autodeterminación personales. En consecuencia, las personas de culturas individualistas pueden internalizar condiciones de valía relacionadas con los logros, la asertividad y la realización de aspiraciones personales, lo que contribuye a su autoconcepto general y a su bienestar psicológico.

La intersección de dimensiones culturales, como la distancia de poder, la evitación de la incertidumbre y la masculinidad-feminidad, influye aún más en la formación y validación de la valía en contextos culturales específicos. Por ejemplo, en culturas caracterizadas por una alta distancia de poder, las estructuras jerárquicas y las figuras de autoridad desempeñan un papel importante en la determinación de la valía percibida de un individuo, lo que puede llevar a la internalización de condiciones jerárquicas de valía y respeto basadas en el estatus o la posición. Además, el grado de énfasis que se otorga a la evitación de la incertidumbre y la tolerancia al riesgo dentro de una cultura puede moldear las condiciones de valía relacionadas con la estabilidad, la conformidad y la seguridad.

En definitiva, los diversos matices de los paisajes culturales iluminan la naturaleza multifacética de las condiciones de valor, destacando la interacción entre los valores culturales, las expectativas sociales y la identidad individual. Reconocer estas variaciones culturales es esencial para los profesionales e investigadores de la psicología al abordar las complejas manifestaciones de las condiciones de valor y su profundo impacto en las experiencias psicológicas y el bienestar de las personas.

8. Metodologías para la identificación de condiciones de valor:

Las metodologías empleadas para identificar y comprender las condiciones de valía en las personas son vitales para que psicólogos e investigadores comprendan mejor los factores subyacentes que configuran el autoconcepto y el bienestar psicológico de cada individuo. Uno de los enfoques fundamentales para identificar las condiciones de valía implica entrevistas y evaluaciones cualitativas exhaustivas con las personas. Mediante conversaciones abiertas y la escucha empática, los psicólogos pueden descubrir indicios y narrativas sutiles que revelan la presencia y el impacto de las condiciones de valía en la vida de una persona. Además, el uso de herramientas estandarizadas de evaluación psicológica, como la técnica Q-Sort y las pruebas de apercepción temática, puede proporcionar datos cuantitativos valiosos sobre las condiciones de valía percibidas por un individuo. Estas herramientas permiten a los investigadores identificar patrones y temas relacionados con la autoestima, las conductas de búsqueda de validación y las creencias internalizadas sobre la valía. Asimismo, los estudios longitudinales y los análisis retrospectivos ofrecen una comprensión integral de cómo las condiciones de valía evolucionan con el tiempo y su influencia duradera en el desarrollo psicológico de una persona. Mediante el examen de las experiencias de la primera infancia, la dinámica familiar y las influencias sociales, los psicólogos pueden discernir los orígenes y las trayectorias de las condiciones de valía en la vida de un individuo. Además, la incorporación de métodos neurocientíficos innovadores, como la resonancia magnética funcional (fMRI) y la electroencefalografía (EEG), ha contribuido a desentrañar los correlatos neuronales asociados con las condiciones de valía. Al mapear la actividad cerebral durante tareas psicológicas relevantes e interacciones sociales, los investigadores obtienen conocimiento sobre los fundamentos neurobiológicos de las condiciones de valía y su impacto en la regulación emocional y la autopercepción. Finalmente, la integración de perspectivas interdisciplinarias de la sociología, la antropología y los estudios culturales proporciona un enfoque holístico para comprender cómo las condiciones de valía se ven moldeadas por las normas culturales, las expectativas sociales y las relaciones interpersonales.

El autoconcepto y su papel en el comportamiento humano

1. Fundamentos teóricos del autoconcepto:

El concepto del Yo ha intrigado a filósofos, psicólogos y académicos a lo largo de la historia. Rastrear los fundamentos teóricos del autoconcepto nos lleva a antiguas discusiones filosóficas sobre la naturaleza del Yo y la identidad. Desde la exploración del alma por parte de Platón hasta el famoso dicho de Descartes «Cogito, ergo sum» (Pienso, luego existo), la noción del Yo ha sido un tema central en el pensamiento filosófico occidental. En la psicología, el estudio del autoconcepto cobró impulso con las obras de William James y su distinción entre el «yo» y el «mí». Esto sentó las bases para posteriores avances en la comprensión de la naturaleza multifacética de la autoidentidad. Las teorías psicoanalíticas de Sigmund Freud y Carl Jung profundizaron en los aspectos inconscientes del Yo, arrojando luz sobre la interacción dinámica entre los determinantes conscientes e inconscientes del autoconcepto. A partir de estas ideas fundamentales, psicólogos humanistas como Abraham Maslow y Carl Rogers enfatizaron la importancia de la autorrealización y el fomento de un autoconcepto positivo para el crecimiento y la realización personal. Su énfasis en la bondad inherente y el potencial de crecimiento de las personas proporcionó un enfoque centrado en el ser humano para comprender el autoconcepto. Además, psicólogos sociales como George Herbert Mead y Erving Goffman aportaron ideas innovadoras sobre la construcción social del Yo, destacando el papel de las interacciones y las influencias sociales en la formación del autoconcepto. Estas diversas perspectivas teóricas sentaron las bases para la investigación contemporánea y las aplicaciones clínicas en el campo del autoconcepto.

2. Formación y evolución de los autoconceptos:

La formación y evolución del autoconcepto son procesos que comienzan en las primeras etapas de la vida y continúan desarrollándose a lo largo de la vida. Los bebés desarrollan inicialmente un sentido rudimentario de sí mismos mediante interacciones básicas con sus cuidadores y el entorno. A medida que maduran, los niños integran cada vez más la retroalimentación social y la introspección para formar autoconceptos más complejos. Este proceso de desarrollo se ve influenciado por diversos factores, como la dinámica familiar, las normas culturales y las expectativas sociales. Fundamentalmente, las experiencias de validación y aceptación contribuyen a la formación de un autoconcepto positivo, mientras que los casos de rechazo o abandono pueden frenar su desarrollo saludable.

La evolución del autoconcepto no es estática y puede verse significativamente afectada por acontecimientos vitales significativos, como transiciones, éxitos, fracasos y crecimiento personal. La adolescencia, en particular, marca un período crucial en el que el autoconcepto se vuelve notablemente maleable, a medida que las personas gestionan las complejidades de la formación de la identidad y el autodescubrimiento. Simultáneamente, etapas posteriores de la vida, como la adultez y el envejecimiento, presentan desafíos y oportunidades únicos para reevaluar y refinar el autoconcepto en respuesta a la evolución de los roles y las prioridades.

La influencia de los contextos sociales y culturales en la formación y evolución del autoconcepto no puede subestimarse. Los valores culturales, las normas de género y las expectativas sociales influyen en cómo las personas perciben y construyen su autoconcepto. Esta interacción entre el individuo y su entorno sociocultural subraya la naturaleza dinámica del desarrollo del autoconcepto, destacando la necesidad de una comprensión y sensibilidad matizadas al explorar sus complejidades.

3. Componentes y dimensiones del autoconcepto:

El autoconcepto, como constructo central en la teoría de la personalidad de Carl Rogers, se compone de diversos componentes y dimensiones que configuran la comprensión que cada individuo tiene de sí mismo. Estos elementos incluyen el Yo físico, que abarca las percepciones del propio cuerpo y la apariencia; el Yo social, que refleja cómo nos percibimos en relación con los demás; y el Yo psicológico, que incorpora nuestros pensamientos, creencias y emociones. Cada uno de estos componentes contribuye a la estructura general del autoconcepto, influyendo en cómo las personas perciben e interactúan con el mundo que las rodea.

El autoconcepto comprende dimensiones internas y externas. La dimensión interna implica autoevaluaciones basadas en atributos, habilidades y valores personales. Este autoconcepto interno influye en nuestra sensación de competencia, autoestima y bienestar emocional. Por otro lado, la dimensión externa se relaciona con cómo las personas creen que los demás las perciben, formando parte de su identidad social. Por lo tanto, el autoconcepto externo puede verse influenciado por las comparaciones sociales y la retroalimentación de las personas significativas en la vida de una persona.

Dentro del autoconcepto, existen múltiples dimensiones que contribuyen a su complejidad. Estas dimensiones pueden incluir la autoeficacia, o la creencia en la propia capacidad para alcanzar metas específicas, la autoestima, que refleja las evaluaciones de la propia valía, y la identidad, que abarca los roles y las etiquetas que las personas adoptan en diversos contextos. Además, la dimensión cultural del autoconcepto reconoce la influencia de las normas culturales, los valores y las expectativas sociales en la formación de la identidad individual.

Los componentes y dimensiones del autoconcepto influyen en los procesos cognitivos, las respuestas emocionales y los resultados conductuales, moldeando cómo las personas perciben y se involucran con sus experiencias. Además, estos elementos desempeñan un papel crucial en la dinámica interpersonal, la autorregulación y el desarrollo de la identidad a lo largo del tiempo.

4. Influencia del autoconcepto en los procesos cognitivos:

La forma en que las personas se perciben a sí mismas afecta significativamente sus funciones cognitivas, como la atención, la memoria, la resolución de problemas y el procesamiento de la información. El autoconcepto desempeña un papel fundamental en la formación de los pensamientos, creencias y juicios de una persona, lo que a su vez afecta sus mecanismos cognitivos. Las investigaciones sugieren que las personas con un autoconcepto positivo tienden a exhibir capacidades cognitivas mejoradas, como una mejor concentración, una mejor retención de información y una toma de decisiones más eficaz. Por el contrario, las personas con un autoconcepto negativo pueden experimentar deterioro cognitivo, como una menor concentración, patrones de pensamiento distorsionados y dificultades para procesar la información.

El autoconcepto influye en la interpretación y evaluación de los estímulos externos, afectando la forma en que las personas perciben y evalúan su entorno. Por ejemplo, las personas con alta autoestima podrían interpretar la retroalimentación o las críticas de forma constructiva, lo que lleva a evaluaciones cognitivas adaptativas. Por otro lado, quienes tienen baja autoestima pueden ser más propensos a malinterpretar los acontecimientos y presentar una mayor sensibilidad a las amenazas percibidas, lo que afecta sus respuestas cognitivas. Además, el autoconcepto puede moldear sesgos cognitivos, influyendo en la forma en que las personas filtran, interpretan y recuerdan la información. Puede conducir a sesgos de confirmación, donde las personas buscan información que valide su autoconcepto mientras descartan la evidencia contradictoria.

Comprender la influencia del autoconcepto en los procesos cognitivos tiene implicaciones significativas en diversos ámbitos, como la educación, la terapia y el desarrollo personal. Los educadores pueden aprovechar este conocimiento para adoptar estrategias educativas que promuevan un autoconcepto positivo, fomentando entornos de aprendizaje óptimos y el desarrollo cognitivo del alumnado. De igual manera, los profesionales de la salud mental pueden integrar la comprensión del autoconcepto en las intervenciones terapéuticas, abordando las distorsiones cognitivas y fomentando patrones cognitivos más saludables. Además, las personas pueden aplicar esta comprensión para reconocer y desafiar las creencias autolimitantes, mejorando así su flexibilidad cognitiva y su bienestar general.

5. Manifestaciones conductuales del autoconcepto:

El autoconcepto se manifiesta en una gran variedad de expresiones conductuales. Estas manifestaciones pueden observarse en diversos ámbitos del comportamiento humano, lo que refleja la profunda influencia del autoconcepto en las acciones, interacciones y decisiones de un individuo. Las manifestaciones conductuales del autoconcepto abarcan un amplio espectro, desde la asertividad y la confianza hasta el retraimiento y la evitación. Las personas con un autoconcepto positivo suelen mostrar comportamientos caracterizados por la seguridad en sí mismas, la autonomía y la resiliencia. Son más propensas a participar activamente en interacciones sociales, perseguir objetivos ambiciosos y mostrar adaptabilidad ante los desafíos.

Por el contrario, las personas con un autoconcepto negativo pueden exhibir tendencias conductuales caracterizadas por la inseguridad, la vacilación y la evitación de situaciones sociales. Estas personas pueden rehuir las oportunidades de crecimiento personal, retirarse de las relaciones sociales o mostrar tendencias pasivo-agresivas en sus interacciones. El impacto del autoconcepto en las manifestaciones conductuales se extiende al lenguaje corporal, los estilos de comunicación y los procesos de toma de decisiones. Por ejemplo, las personas con un autoconcepto fuerte y positivo irradian confianza, emplean una comunicación asertiva y abordan la toma de decisiones con claridad y convicción.

El autoconcepto de una persona influye significativamente en su respuesta al éxito y al fracaso. Quienes tienen un autoconcepto positivo son más resilientes ante los contratiempos, considerándolos como obstáculos temporales en lugar de reflejos de su valía intrínseca. Por otro lado, las personas con un autoconcepto frágil pueden experimentar una mayor vulnerabilidad al fracaso, lo que resulta en patrones de evasión, autosabotaje o actitud defensiva. Comprender las manifestaciones conductuales del autoconcepto es fundamental en diversos contextos, como el entorno educativo, la dinámica laboral y las relaciones interpersonales.

La interacción entre el autoconcepto y las manifestaciones conductuales subraya la importancia de fomentar un autoconcepto saludable en las personas, especialmente durante las etapas de desarrollo formativo. Este cuidado implica promover la autoconciencia, reconocer las fortalezas individuales y brindar oportunidades para el desarrollo de habilidades y la afirmación personal.

6. Impacto de los factores ambientales en el desarrollo del autoconcepto:

Los factores ambientales abarcan una amplia gama de influencias, incluyendo, entre otras, la dinámica familiar, las normas culturales, las expectativas sociales, las oportunidades educativas y las circunstancias económicas. La interacción de estos factores puede tener profundas implicaciones en la percepción que las personas tienen de sí mismas y de su lugar en el mundo. La dinámica familiar, por ejemplo, desempeña un papel crucial en la formación del autoconcepto temprano. Un entorno familiar enriquecedor y de apoyo puede fomentar una autoimagen positiva y segura, mientras que una dinámica familiar disfuncional o negligente puede generar sentimientos de inseguridad e incompetencia. De igual manera, las normas culturales y las expectativas sociales contribuyen a la formación del autoconcepto al influir en las creencias sobre lo que se valora y acepta en una sociedad determinada. Las personas a menudo internalizan estándares y normas sociales, lo que puede favorecer o dificultar el desarrollo de un autoconcepto saludable. Además, las oportunidades y experiencias educativas pueden influir en el desarrollo del autoconcepto al proporcionar a las personas las herramientas para explorar sus intereses, desarrollar habilidades y ganar confianza. El acceso a una educación de calidad y a actividades extracurriculares puede contribuir a un autoconcepto más positivo, mientras que la escasez de recursos educativos puede mermar la autoestima. La situación económica también desempeña un papel fundamental en el desarrollo del autoconcepto, ya que la estabilidad financiera puede brindar una sensación de seguridad y autonomía, mientras que las dificultades económicas pueden generar sentimientos de impotencia e inferioridad. En esencia, los factores ambientales influyen considerablemente en el desarrollo del autoconcepto, sirviendo como marco para que las personas formen su percepción de sí mismas y de sus capacidades.

7. Autoconcepto en las relaciones interpersonales:

Las interacciones y conexiones con los demás pueden influir significativamente en la percepción que las personas tienen de sí mismas y de su valor. En el contexto de las relaciones interpersonales, el autoconcepto es dinámico y está sujeto a evaluación y reevaluación continuas.

La formación del autoconcepto está profundamente entrelazada con las interacciones sociales y la retroalimentación recibida de los demás. Las afirmaciones positivas y la validación de personas importantes en la vida pueden fortalecer un autoconcepto sano y positivo, mientras que las experiencias negativas o invalidantes pueden generar dudas y una menor autoestima. Además, la dinámica de las relaciones interpersonales puede reforzar las creencias existentes sobre el autoconcepto o introducir nuevas perspectivas, lo que puede generar cambios en la autopercepción.

Es importante reconocer que la calidad de las relaciones interpersonales, ya sean familiares, románticas o platónicas, puede moldear el autoconcepto de una persona. Las relaciones sanas y de apoyo suelen contribuir a una sensación de seguridad y aceptación, fomentando un autoconcepto más seguro y positivo. Por el contrario, las relaciones tóxicas o abusivas pueden erosionar la autoestima y distorsionar el autoconcepto de la persona, generando sentimientos de incompetencia e inutilidad.

La influencia de la comparación social en las relaciones interpersonales es fundamental. Las personas pueden evaluar su propio autoconcepto en relación con quienes les rodean, lo que puede llevar a una mejora de la autoestima mediante comparaciones positivas o a un deterioro de la misma al sentirse inferiores o inadecuados en comparación con los demás. Este aspecto resalta la interconexión entre el autoconcepto y las relaciones interpersonales, enfatizando la necesidad de interacciones conscientes y enriquecedoras.

Además, el papel de la comunicación en las relaciones interpersonales influye significativamente en el autoconcepto. Una comunicación clara y empática fomenta la comprensión y la validación, contribuyendo a un autoconcepto saludable. Por el contrario, la falta de comunicación, los conflictos y la falta de reconocimiento pueden generar dudas y cuestionar el autoconcepto de una persona.

8. Desafíos para un autoconcepto estable:

Un autoconcepto estable constituye la base del bienestar psicológico y el funcionamiento adaptativo de una persona. Sin embargo, pueden surgir numerosos desafíos que amenazan la estabilidad de dicho autoconcepto. El primer desafío reside en la dinámica de la comparación social. En el mundo interconectado actual, las personas están constantemente expuestas a los logros, la apariencia y el estilo de vida de los demás a través de diversas plataformas mediáticas. Esta exposición a menudo conduce a una comparación social ascendente, donde las personas se comparan con quienes se perciben como más favorecidos. Esta comparación puede generar sentimientos de incompetencia e inseguridad, socavando así la estabilidad del autoconcepto. Otro desafío importante para un autoconcepto estable es la experiencia de fracasos y reveses. Cuando las personas se enfrentan a fracasos repetidos o experimentan reveses significativos, esto puede desbaratar sus creencias sobre su competencia y valía. Esto puede conducir a una reevaluación negativa del Yo, lo que supone una amenaza para la estabilidad del autoconcepto. Además, factores externos como las expectativas sociales, las normas culturales y los estereotipos pueden ejercer una presión indebida sobre las personas, lo que genera conflictos internos e inconsistencias en el autoconcepto. Asimismo, las experiencias traumáticas, el abuso y la retroalimentación negativa persistente de las personas significativas pueden contribuir a la erosión de un autoconcepto estable. Estos desafíos pueden manifestarse como sentimientos de inseguridad, inutilidad y crisis de identidad, lo que representa una amenaza formidable para la estabilidad del autoconcepto. Asimismo, las transiciones del desarrollo y la vida, como la adolescencia, la crisis de la mediana edad o la jubilación, pueden generar cambios significativos en los roles, las responsabilidades y las relaciones, lo que puede desestabilizar el autoconcepto. Afrontar cambios importantes en la vida y gestionar las transiciones de roles implica la necesidad de un ajuste y una reevaluación constantes del propio autoconcepto, lo que lo hace susceptible a la inestabilidad. Comprender y abordar estos desafíos es crucial para promover la resiliencia y mantener un autoconcepto estable. Estrategias como fomentar la autocompasión, construir una red social de apoyo, participar en actividades significativas, buscar ayuda profesional y cultivar una mentalidad de crecimiento pueden empoderar a las personas para enfrentar estos desafíos de manera efectiva, mejorando así la estabilidad de su autoconcepto.

9. El papel del autoconcepto en la toma de decisiones y la resolución de problemas:

La forma en que nos percibimos a nosotros mismos y a nuestras capacidades influye directamente en las decisiones que tomamos y en las estrategias que empleamos para resolver problemas. Un autoconcepto sólido y positivo suele conducir a una toma de decisiones segura y a una resolución eficaz de problemas, mientras que un autoconcepto negativo o inestable puede crear barreras y obstaculizar la capacidad de afrontar eficazmente los desafíos de la vida. Es fundamental comprender las diversas maneras en que el autoconcepto influye en los procesos de toma de decisiones y resolución de problemas.

El autoconcepto desempeña un papel fundamental en la toma de decisiones, ya que influye en la confianza que una persona tiene en sus elecciones. Quienes tienen un autoconcepto saludable son más propensos a confiar en su juicio y a tomar decisiones alineadas con sus valores y aspiraciones. Por otro lado, las personas con baja autoestima o autoconceptos conflictivos pueden tener dificultades para afirmar sus decisiones, lo que les genera indecisión y vacilación. Esta inseguridad puede obstaculizar el proceso de toma de decisiones y resultar en la pérdida de oportunidades o decisiones de las que arrepentirse.

El autoconcepto de una persona influye en su enfoque para la resolución de problemas. Quienes tienen un autoconcepto positivo tienden a mostrar una actitud proactiva y resiliente ante los desafíos. Son más propensos a ver los problemas como obstáculos temporales que pueden superarse mediante el esfuerzo constante y el pensamiento creativo. Por el contrario, quienes tienen un autoconcepto negativo pueden percibir los obstáculos como insuperables y carecer de la confianza para afrontarlos eficazmente. Sus estrategias de resolución de problemas pueden estar marcadas por la evasión o una mentalidad derrotista, lo que en última instancia limita su capacidad para encontrar soluciones viables.

Además, el autoconcepto afecta la tolerancia al riesgo y la incertidumbre en la toma de decisiones. Las personas con un autoconcepto seguro están más dispuestas a asumir riesgos calculados y a aceptar la incertidumbre, considerando los desafíos como oportunidades de crecimiento y aprendizaje. Por el contrario, quienes tienen un autoconcepto inseguro o frágil pueden rehuir las situaciones desconocidas o impredecibles, prefiriendo la seguridad de las rutinas habituales. Esta aversión al riesgo puede limitar su toma de decisiones y su disposición a explorar nuevas posibilidades.

El autoconcepto influye en la receptividad de una persona a la retroalimentación y a la resolución adaptativa de problemas. Quienes tienen un autoconcepto bien desarrollado están mejor preparados para recibir retroalimentación constructiva sin sentirse personalmente amenazados, utilizándola como herramienta para la superación personal y el perfeccionamiento de sus enfoques de resolución de problemas. Por el contrario, las personas con un autoconcepto vulnerable pueden percibir la retroalimentación como un ataque directo a su valía, respondiendo a la defensiva y resistiéndose a los ajustes necesarios en sus métodos de resolución de problemas.

La relación entre el autoconcepto y la autoestima

1. La definición de autoconcepto y autoestima:

El autoconcepto es un constructo multidimensional que encapsula la percepción que un individuo tiene de sí mismo en diversos ámbitos, incluyendo los aspectos físicos, emocionales, sociales y académicos. Abarca tanto el contenido (es decir, las creencias específicas sobre uno mismo) como la estructura (es decir, la organización e integración de estas creencias) de la propia autorrepresentación. Para comprender el autoconcepto es fundamental el concepto de autoesquema, que se refiere a las generalizaciones cognitivas sobre uno mismo que guían el procesamiento de la información relevante para uno mismo, influyendo en cómo los individuos perciben, interpretan y recuerdan la información sobre sí mismos. Por el contrario, la autoestima se refiere al aspecto evaluativo del Yo, abarcando los sentimientos de autoestima y autoaceptación. Refleja el grado de aprobación o desaprobación de los individuos, a menudo influenciado por factores como las comparaciones sociales, los logros y las relaciones interpersonales. Es esencial reconocer que, mientras que el autoconcepto se relaciona con el autoconocimiento, la autoestima se refiere a la autoevaluación, diferenciándose en sus componentes cognitivos y afectivos.

2. Perspectivas históricas sobre la interrelación entre el autoconcepto y la autoestima:

Desde la antigüedad, eminencias filosóficas como Sócrates y Aristóteles expusieron los principios fundamentales de la autoconciencia y la autoevaluación, sentando las bases para futuras delineaciones del autoconcepto y la autoestima. Las reflexiones introspectivas de estos antiguos eruditos sembraron el terreno fértil del cual han florecido las concepciones modernas del Yo. A lo largo de las épocas, la Ilustración marcó el comienzo de un creciente interés en la autonomía individual y el valor intrínseco de la autoestima. Figuras de renombre como Descartes y Locke propusieron teorías sobre la identidad y la percepción que sentaron las bases para posteriores exploraciones en el autoconcepto y la autoestima. A medida que la disciplina de la psicología emergía como un campo diferenciado, figuras pioneras como William James y Sigmund Freud revelaron ideas seminales sobre las complejidades de la autopercepción y la naturaleza multidimensional de la autoestima. El concepto de James del Yo como una entidad multifacética sentó las bases para una comprensión más matizada del autoconcepto, mientras que el marco psicoanalítico de Freud profundizó en las corrientes subconscientes subyacentes que influyen en la autoestima. Con los albores del siglo XX, psicólogos sociales como Cooley y Mead profundizaron en el espejo social que moldea el autoconcepto, ampliando el discurso sobre las dimensiones socioculturales de la autoestima. A través de sus perspectivas, la interrelación entre el autoconcepto y la autoestima comenzó a cristalizar, sentando las bases para posteriores investigaciones empíricas.

3. Teorías psicológicas que vinculan el autoconcepto con la autoestima:

Las teorías psicológicas han buscado desde hace tiempo explorar y explicar la relación entre el autoconcepto y la autoestima.

Una teoría destacada, propuesta por Carl Rogers, postula que la autoestima surge de la congruencia entre el autoconcepto y el Yo ideal. Según Rogers, las personas con un autoconcepto bien desarrollado y congruente, en el que sus experiencias percibidas y su autoimagen concuerdan estrechamente, tienen mayor probabilidad de poseer una mayor autoestima. Esta idea ha sido respaldada por numerosos estudios empíricos que destacan la correlación positiva entre la claridad del autoconcepto y los niveles de autoestima. Además, la teoría de la jerarquía de necesidades de Abraham Maslow sugiere que la autoestima es una necesidad humana fundamental, y su satisfacción está vinculada al desarrollo y mantenimiento de un autoconcepto positivo. Maslow propuso que las personas se esfuerzan por la autorrealización, la cúspide del crecimiento y la realización personal, que está íntimamente ligada a la percepción que tienen de sí mismas y de su propio valor. Asimismo, la perspectiva sociocultural, defendida por los psicólogos sociales, enfatiza el papel de los procesos de comparación social en la formación del autoconcepto y, por extensión, de la autoestima. La teoría de la comparación social de Festinger postula que las personas evalúan sus propias habilidades y opiniones comparándose con las de los demás, lo que influye en su autoconcepto y, consecuentemente, en su autoestima. El impacto de la teoría de la identidad social, formulada por Tajfel y Turner, también arroja luz sobre cómo las afiliaciones y membresías grupales pueden influir dinámicamente en el autoconcepto y la autoestima de un individuo. Además, teorías cognitivas como la teoría de la autodiscrepancia proponen que las incongruencias entre el Yo real, el ideal y el Yo ideal pueden generar emociones negativas y una menor autoestima. Este marco subraya la importancia de comprender cómo las discrepancias en el autoconcepto pueden moldear la autoestima general.

4. La dinámica de la autoevaluación:

La relación entre el autoconcepto y la autoestima se hace evidente en la naturaleza dinámica de la autoevaluación. Cuando las personas se evalúan a sí mismas en función de estándares, creencias y experiencias internalizadas, su autoconcepto influye significativamente en el resultado de dicha evaluación. Un autoconcepto positivo, caracterizado por una percepción favorable de las propias capacidades, valía e identidad, generalmente conduce a niveles más altos de autoestima. Por el contrario, un autoconcepto negativo puede afectar negativamente la autoestima de una persona, generando sentimientos de incompetencia, baja autoestima y disminución de la confianza. Comprender la dinámica de la autoevaluación arroja luz sobre la compleja interacción entre ambos, ofreciendo perspectivas sobre los diversos mecanismos psicológicos involucrados. Además, factores como la comparación social, las influencias culturales y las experiencias personales contribuyen a la naturaleza multifacética de la autoevaluación y sus implicaciones para la autoestima. Asimismo, la coherencia o discrepancia entre el autoconcepto de una persona y sus experiencias reales puede impulsar la dinámica de la autoevaluación, impactando directamente en la autoestima. Es crucial profundizar en los matices de la autoevaluación para comprender sus profundos efectos en la regulación de la autoestima y el bienestar emocional. Investigadores han realizado estudios exhaustivos para dilucidar los procesos cognitivos involucrados en la autoevaluación y su consiguiente influencia en la autoestima. Teorías cognitivas, como la teoría de la autodiscrepancia y la teoría de la identidad social, proporcionan marcos valiosos para comprender la dinámica de la autoevaluación y su impacto en la autoestima. Además, la evidencia empírica de diversas poblaciones subraya la naturaleza generalizada de la autoevaluación en diferentes grupos demográficos y contextos sociales.

5. El papel de las comparaciones sociales en la formación del autoconcepto y la autoestima:

La teoría de la comparación social, propuesta por el psicólogo Leon Festinger en 1954, ha sido fundamental para dilucidar cómo las personas forman su autoconcepto y autoestima mediante evaluaciones comparativas con los demás. Esta teoría afirma que las personas determinan su propio valor social y personal en función de cómo se comparan con los demás, lo que configura su sentido de identidad y valor. La naturaleza generalizada de las comparaciones sociales se da en diversos ámbitos, como la apariencia, las habilidades, los logros y el estatus socioeconómico. Las investigaciones han demostrado que las personas realizan comparaciones sociales ascendentes, comparándose con quienes perciben como superiores, lo que puede tener consecuencias negativas para la autoestima. Por el contrario, las comparaciones sociales descendentes implican compararse con quienes se consideran menos afortunados o exitosos, lo que a menudo resulta en un aumento de la autoestima.

El impacto de las redes sociales en las comparaciones sociales es innegable, ya que la omnipresencia de imágenes cuidadosamente seleccionadas y estilos de vida idealizados puede exacerbar sentimientos de incompetencia e indignidad entre las personas que se esfuerzan por alcanzar estándares inalcanzables. Además, las presiones sociales perpetúan un entorno de comparación constante, fomentando una preocupación malsana por la validación y la aprobación externas. Cabe destacar que no se puede ignorar el papel de la cultura y las normas sociales, ya que influyen significativamente en los criterios con los que las personas se evalúan, moldeando así su autoconcepto y autoestima.

Estudios psicológicos han dilucidado la correlación entre la exposición sostenida a representaciones idealizadas y la disminución de la autoestima, lo que exige una reevaluación del énfasis social generalizado en la validación basada en la comparación. Un mayor conocimiento de la trayectoria evolutiva del autoconcepto y la autoestima destaca el papel formativo de las experiencias infantiles y la influencia parental en la propensión a las comparaciones sociales. Comprender estos factores subyacentes es fundamental para diseñar intervenciones destinadas a fomentar un autoconcepto más saludable, libre de las constantes comparaciones sociales.

El floreciente campo de la psicología positiva aboga por cultivar las fuentes intrínsecas de autoestima y fomentar una mentalidad centrada en el crecimiento personal y la autoaceptación. Al animar a las personas a internalizar sus valores y aspiraciones, en lugar de compararse con parámetros externos, puede surgir un autoconcepto más resiliente y auténtico. Los enfoques terapéuticos que aprovechan las técnicas cognitivo-conductuales y los ejercicios de autoafirmación han demostrado ser prometedores para mitigar los efectos adversos de las comparaciones sociales generalizadas, empoderando a las personas para construir una autoimagen más segura y afirmativa.

6. Estudios empíricos sobre la interacción entre el autoconcepto y la autoestima:

Los estudios empíricos que exploran la interacción dinámica entre el autoconcepto y la autoestima han contribuido significativamente a nuestra comprensión de la personalidad y el comportamiento humanos. Estas investigaciones han empleado diversas metodologías, como encuestas transversales, estudios longitudinales y diseños experimentales, para dilucidar la compleja relación entre estos dos constructos psicológicos.

Un estudio fundamental de Rosenberg (1965) utilizó un cuestionario estructurado para medir la autoestima y la claridad del autoconcepto en adolescentes. Los hallazgos revelaron una asociación positiva entre la claridad del autoconcepto y la autoestima, lo que sugiere que las personas con un autoconcepto más claro y coherente tienden a exhibir niveles más altos de autoestima. Este trabajo pionero sentó las bases para investigaciones posteriores sobre las conexiones sutiles entre estos factores intrapersonales.

Los estudios longitudinales realizados por Harter (1999) profundizaron nuestra comprensión de la trayectoria evolutiva del autoconcepto y su impacto en la autoestima a lo largo de la vida. Al realizar un seguimiento de individuos desde la infancia hasta la adolescencia, la investigación evidenció la influencia recíproca entre la formación del autoconcepto y las fluctuaciones en la autoestima. Los resultados subrayaron la importancia de las experiencias tempranas en la formación de las bases de la autoestima y sus implicaciones duraderas para el bienestar psicológico.

Estudios experimentales contemporáneos han empleado metodologías innovadoras para manipular la relevancia del autoconcepto y evaluar sus efectos posteriores sobre la autoestima. Por ejemplo, el trabajo pionero de Dweck (1990) sobre intervenciones de mentalidad demostró que fomentar una mentalidad de crecimiento, enfatizando la flexibilidad de las habilidades, condujo a mejoras en la autoestima de los participantes. Esta línea de investigación destacó el potencial de las intervenciones dirigidas para fortalecer el autoconcepto y, en consecuencia, mejorar la autoestima, destacando la naturaleza dinámica de estos constructos.

Las investigaciones transculturales han aportado valiosas perspectivas sobre la universalidad de la interrelación entre el autoconcepto y la autoestima, discerniendo tanto puntos en común como variaciones en diversos contextos socioculturales. Los estudios que comparan culturas individualistas y colectivistas han esclarecido las diferentes vías a través de las cuales el autoconcepto influye en la autoestima, lo que subraya la necesidad de considerar los matices culturales al delinear las complejidades de esta relación.

7. Impacto de la claridad del autoconcepto en la estabilidad de la autoestima:

La claridad del autoconcepto se refiere al grado en que las creencias de una persona sobre sí misma están definidas con claridad y seguridad, con mínima ambigüedad o conflicto. Este aspecto del autoconcepto se ha reconocido como un predictor significativo del bienestar psicológico, en particular en relación con la estabilidad de la autoestima. Cuando las personas poseen un autoconcepto claro y coherente, están mejor preparadas para afrontar los retos y contratiempos de la vida, fomentando así una mayor resiliencia de la autoestima. Las investigaciones han demostrado sistemáticamente que las personas con mayor claridad de autoconcepto son menos susceptibles a las fluctuaciones de la autoestima, experimentando una mayor resiliencia emocional y estrategias de afrontamiento adaptativas. Además, las personas con una comprensión clara de su autoconcepto tienden a exhibir comportamientos más consistentes y auténticos, lo que genera una sensación de congruencia entre sus creencias internas y sus expresiones externas. El impacto de la claridad del autoconcepto en la estabilidad de la autoestima se extiende más allá del bienestar individual, influyendo en las relaciones interpersonales y las interacciones sociales. Las personas con un sentido de sí mismas más claro tienden a entablar una comunicación abierta y honesta, fomentando conexiones genuinas y reduciendo la posibilidad de que las influencias externas dicten su autoestima. Además, la estabilidad de la autoestima está vinculada a la claridad del autoconcepto en el contexto del logro y la retroalimentación. Las investigaciones han demostrado que las personas con un autoconcepto más claro se ven menos influenciadas por la validación o la crítica externa, manteniendo una autoestima firme y sólida independientemente de las evaluaciones externas. Esto tiene profundas implicaciones para las actividades académicas, profesionales y personales, ya que las personas con una autoestima estable son más propensas a perseguir objetivos con motivación intrínseca en lugar de ser impulsadas únicamente por la validación externa. Comprender la interacción entre la claridad del autoconcepto y la estabilidad de la autoestima puede fundamentar intervenciones terapéuticas destinadas a mejorar el bienestar psicológico. Técnicas como la reestructuración cognitiva, los enfoques basados en la atención plena y la terapia narrativa pueden adaptarse para facilitar la exploración y la claridad del autoconcepto, promoviendo en última instancia una autoestima más estable y resiliente.

8. Consecuencias de una autopercepción discrepante sobre la autoestima:

Una autopercepción discrepante, caracterizada por una discrepancia entre el autoconcepto percibido y las experiencias o logros reales, puede tener profundas implicaciones para la autoestima. Esta incongruencia suele generar conflicto interno, ansiedad y una disminución de la autoestima. Las personas cuya autopercepción no se alinea con la realidad pueden experimentar sentimientos generalizados de incompetencia, inseguridad y síndrome del impostor, lo que agrava aún más la discrepancia entre su yo ideal y el real. Esta disonancia puede sabotear la autoestima, provocando un estado crónico de insatisfacción y malestar psicológico. Además, la presencia persistente de una autopercepción discrepante puede obstaculizar el crecimiento personal y la consecución de objetivos significativos. Esta discordancia también puede generar un ciclo de autorrefuerzo negativo, ya que las personas internalizan la incongruencia y adoptan una perspectiva más crítica y devaluadora de sí mismas. Como resultado, pueden adoptar conductas de autosabotaje, estrategias de evitación y mostrar una menor resiliencia ante los desafíos. Además, una autopercepción discrepante puede afectar las relaciones interpersonales, ya que las personas que experimentan esta discordancia pueden tener dificultades para expresarse con autenticidad y establecer vínculos genuinos con los demás. El aislamiento social y los sentimientos de alienación resultantes pueden erosionar aún más la autoestima, perpetuando un círculo vicioso. Reconocer las consecuencias de una autopercepción discrepante sobre la autoestima es fundamental para fomentar la introspección y promover la autoaceptación. Emplear intervenciones específicas para abordar y reconciliar las incongruencias subyacentes puede facilitar la recuperación de la autoestima y fomentar un autoconcepto más coherente y auténtico.

Condiciones de Valor - Consideración Positiva versus Aceptación Condicional

1. Consideración positiva y aceptación condicional

En el contexto de la teoría humanista de la personalidad de Carl Rogers, los conceptos de consideración positiva y aceptación condicional desempeñan un papel fundamental para comprender la formación y el desarrollo del autoconcepto individual. La consideración positiva se refiere a la aceptación incondicional, la calidez y la empatía que una persona recibe de sus seres queridos, especialmente durante sus años de formación. Es la base de una autoestima sana y contribuye a la expresión auténtica del verdadero yo. Por otro lado, la aceptación condicional implica recibir amor, aprobación o validación al cumplir ciertos criterios o condiciones establecidos por otros, como padres, cuidadores o figuras de autoridad. A medida que las personas internalizan estas condiciones, pueden llegar a evaluarse a sí mismas con base en estándares externos en lugar de su valor intrínseco. Esto puede conducir al desarrollo de un autoconcepto fragmentado, caracterizado por la incongruencia entre el Yo real y el Yo ideal. Varios elementos clave definen la consideración positiva, como la empatía, la congruencia y la autenticidad. La empatía implica la capacidad de comprender y compartir los sentimientos del otro, lo que permite a las personas sentirse profundamente comprendidas y valoradas por sus experiencias y emociones genuinas. La congruencia se refiere a la alineación entre las experiencias internas y el comportamiento externo de una persona, lo que le permite expresar sus verdaderos pensamientos y emociones sin temor al juicio ni al rechazo. La autenticidad abarca la apertura y la honestidad esenciales para mantener relaciones genuinas y fomentar un entorno enriquecedor donde las personas puedan crecer y prosperar. Por el contrario, la aceptación condicional crea un marco en el que las personas comienzan a evaluar su propio valor con base en el cumplimiento de las expectativas y estándares externos. Esto puede resultar en una búsqueda constante de validación externa, lo que lleva a una falta de satisfacción y plenitud internas. Además, la aceptación condicional puede generar sentimientos de incompetencia, inseguridad y ansiedad, ya que las personas buscan constantemente cumplir con los criterios impuestos para obtener aprobación y amor.

2. Efectos psicológicos de la aceptación condicional:

La aceptación condicional tiene importantes implicaciones psicológicas en el bienestar y la autoestima de una persona. Cuando las personas experimentan aceptación condicional, su autoestima depende del cumplimiento de criterios o expectativas específicas establecidas por otros, lo que a menudo genera un miedo generalizado al fracaso y al rechazo. Este miedo arraigado puede generar estrés crónico, ansiedad y sentimientos de incompetencia, lo que en última instancia afecta el funcionamiento psicológico general de la persona. Además, la presión constante para ajustarse a los estándares externos puede generar un conflicto interno entre la verdadera identidad y la imagen que se adopta para obtener aceptación. Esta disonancia puede generar luchas internas, confusión de identidad y una disminución del sentido de autenticidad. Asimismo, las personas sometidas a aceptación condicional pueden desarrollar estrategias de afrontamiento desadaptativas, como el perfeccionismo o la complacencia, en un intento por cumplir con las condiciones impuestas y obtener aprobación. Estos comportamientos pueden contribuir a la erosión de la autoestima genuina y fomentar la dependencia de la validación externa. Con el tiempo, los efectos acumulativos de la aceptación condicional pueden manifestarse en diversos problemas psicológicos, como depresión, baja autoestima e incluso desintegración de la personalidad. Además, las investigaciones indican que las personas criadas en entornos caracterizados por la aceptación condicional tienen mayor probabilidad de tener dificultades para establecer relaciones seguras y de confianza, ya que pueden tener dificultades para establecer y mantener conexiones auténticas debido al miedo al juicio y al rechazo. Es fundamental que los profesionales de la salud mental y los cuidadores reconozcan el profundo impacto psicológico de la aceptación condicional y ofrezcan intervenciones que promuevan la consideración positiva incondicional y la autoexpresión auténtica.

3. El papel de las condiciones de valor en el desarrollo de la autoestima:

El desarrollo de la autoestima está vinculado al concepto de condiciones de valía, postulado por Carl Rogers y otros psicólogos humanistas. Las condiciones de valía se refieren a los estándares o expectativas establecidos por personas significativas, como padres, cuidadores o figuras de autoridad, que las personas internalizan como base para recibir consideración o aceptación positiva. Estas condiciones suelen ser implícitas y pueden afectar significativamente el desarrollo de la autoestima desde una edad temprana. La presencia de consideración positiva condicional, donde el amor y la aprobación se otorgan solo cuando se cumplen ciertas condiciones, puede conducir a la formación de una autoestima contingente impulsada externamente. Esta dependencia del cumplimiento de criterios específicos de aceptación puede resultar en una autoestima frágil e inestable, susceptible a la validación externa y propensa a sentimientos de incompetencia cuando las expectativas no se cumplen. Por el contrario, la consideración positiva incondicional, caracterizada por un cuidado y una aceptación genuinos independientemente del comportamiento o los logros, fomenta el desarrollo de una autoestima auténtica y arraigada internamente. Las personas criadas en entornos caracterizados por la consideración positiva incondicional tienden a exhibir mayores niveles de autoaceptación, resiliencia y bienestar emocional. Es crucial reconocer el papel fundamental de las condiciones de valía en la formación de la autoestima, ya que constituyen la base sobre la cual las personas evalúan su propio valor. Comprender el impacto de las condiciones de valía en el desarrollo de la autoestima puede orientar las intervenciones terapéuticas destinadas a ayudar a las personas a cultivar una autoestima más sana. Al abordar y desafiar las condiciones de valía arraigadas, los terapeutas pueden facilitar la internalización de una consideración positiva incondicional, fomentando una autoestima más estable y resiliente.

Además, las intervenciones pueden centrarse en promover la autocompasión, la autovalidación y el desarrollo de un sentido intrínseco de valía, independiente de los juicios externos.

4. Consideración positiva incondicional versus condicional:

La consideración positiva se refiere a la calidez, la aceptación y el respeto que las personas reciben de sus seres queridos, especialmente durante sus años de formación. La consideración positiva incondicional enfatiza la importancia de brindar una aceptación genuina a los demás sin condiciones. Quienes reciben consideración positiva incondicional experimentan un entorno donde se les valora independientemente de sus comportamientos o cualidades. Esto fomenta una sensación de seguridad psicológica, autoestima y bienestar emocional. Por el contrario, la consideración positiva condicional implica ofrecer aceptación solo cuando se cumplen ciertas condiciones. El valor de una persona depende del cumplimiento de ciertos estándares o expectativas establecidos por otros, como sus padres o figuras de autoridad. Las investigaciones indican que la consideración positiva condicional puede tener efectos perjudiciales en la autoestima y la salud psicológica de una persona. Cuando las personas sienten que su valor depende del cumplimiento de estándares externos, pueden desarrollar sentimientos de incompetencia, ansiedad y una sensación persistente de no ser lo suficientemente buenas. También dificulta el desarrollo de autoconceptos auténticos y puede llevar a una dependencia de la validación externa. Comprender las diferencias entre la consideración positiva incondicional y condicional es crucial en diversas relaciones interpersonales, como la crianza, la educación y la orientación. Practicar la consideración positiva incondicional implica reconocer y apreciar a las personas por quienes son, independientemente de sus acciones o logros. Fomenta un ambiente donde las personas se sienten aceptadas y empoderadas para explorar y expresar su verdadero yo. Por otro lado, reconocer las implicaciones de la consideración positiva condicional ayuda a identificar las posibles fuentes de altos niveles de autocrítica y conflictos internos.

5. Implicaciones para la psicoterapia y el asesoramiento:

En el ámbito terapéutico, la consciencia de las condiciones de valía permite una exploración más profunda de las creencias y valores internalizados del cliente. Al descubrir las fuentes de la aceptación condicional e identificar las discrepancias entre el Yo ideal y el Yo percibido, los terapeutas pueden ayudar a las personas a reconciliar sus propias discrepancias y a buscar la congruencia. Además, fomentar un entorno caracterizado por una consideración positiva incondicional puede contrarrestar el impacto negativo de la aceptación condicional, ofreciendo a los clientes la oportunidad de explorar sus emociones y experiencias genuinas sin temor al juicio ni al rechazo.

Las condiciones de valía desempeñan un papel fundamental en la formación del malestar psicológico y las conductas desadaptativas. Comprender cómo las evaluaciones y expectativas externas contribuyen a las condiciones de valía internalizadas permite a los terapeutas abordar problemas como la baja autoestima, la ansiedad y la inseguridad desde una perspectiva más informada. Al guiar a los clientes hacia el cuestionamiento y la revisión de sus condiciones de valía internalizadas, los terapeutas pueden facilitar el camino hacia un autoconcepto más auténtico y autoafirmativo.

En el contexto de la terapia, reconocer la influencia generalizada de las condiciones de valía y la búsqueda de una consideración positiva se vuelve esencial al trabajar con poblaciones diversas. Las normas culturales, familiares y sociales influyen significativamente en las condiciones de valía de una persona, y los terapeutas deben estar atentos a estas influencias para brindar un apoyo eficaz. Esto incluye reconocer el posible conflicto entre los valores impuestos por las condiciones externas y las aspiraciones intrínsecas de la persona, lo cual puede generar conflictos internos que es crucial abordar en el proceso terapéutico.

Los terapeutas deben ser conscientes del delicado equilibrio entre la consideración positiva incondicional y los límites realistas necesarios para promover el crecimiento y el desarrollo de sus clientes. Si bien se fomenta la autoexploración y la autonomía, es fundamental equilibrar la tensión entre el apoyo incondicional y el desafío constructivo. Al integrar el conocimiento de las condiciones de valía en las intervenciones terapéuticas y las dinámicas relacionales, los consejeros pueden cultivar un entorno que fomente el autodescubrimiento genuino y facilite el desaprendizaje de las condiciones de valía perjudiciales.

6. Críticas y limitaciones de la comprensión actual:

Una de las principales críticas a la comprensión actual de las condiciones de valía y la consideración positiva gira en torno a la dificultad de medir con precisión estos constructos. Si bien las medidas de autoinforme se utilizan comúnmente para evaluar las percepciones individuales de su propia valía y aceptación, estas son inherentemente subjetivas y propensas a sesgos. Las herramientas de evaluación objetiva que aborden la naturaleza matizada de estos conceptos aún no se han desarrollado plenamente, lo que puede generar imprecisiones al evaluar la presencia y el impacto de las condiciones de valía en el autoconcepto individual.

Las variaciones culturales y contextuales en la experiencia y la expresión de las condiciones de valía plantean importantes dificultades para generalizar los hallazgos e intervenciones en diversas poblaciones. Los ideales y valores que configuran el sentido de valía y aceptación de una persona están profundamente arraigados en influencias culturales, familiares y sociales. Por lo tanto, un enfoque uniforme para abordar las condiciones de valía y consideración positiva puede pasar por alto las complejidades de las experiencias individuales, perpetuando la hegemonía de ciertas normas y expectativas culturales.

El concepto de consideración positiva incondicional, propuesto como alternativa a la aceptación condicional, ha sido objeto de escrutinio por su viabilidad práctica en entornos terapéuticos. Si bien representa una postura empática y sin prejuicios hacia el paciente, los críticos argumentan que la eliminación total de los valores personales y los juicios morales por parte del terapeuta podría conducir a una falta de compromiso auténtico y a dilemas éticos. Equilibrar la consideración positiva incondicional con la necesidad de establecer límites profesionales y consideraciones éticas sigue siendo un desafío complejo en las prácticas de psicoterapia y asesoramiento.

Otra limitación pertinente reside en la posible simplificación excesiva de la relación entre las condiciones de valía y el autoconcepto. La literatura existente tiende a centrarse predominantemente en el impacto negativo de la aceptación condicional, pasando por alto a menudo los casos en que la consideración positiva condicional puede motivar a las personas a esforzarse por el crecimiento y el logro personal. Al enfatizar únicamente los efectos perjudiciales de las condiciones de valía, se corre el riesgo de descuidar la naturaleza multifacética de cómo las personas internalizan y responden a las evaluaciones externas de su valía.

Métodos para evaluar el autoconcepto y las condiciones de valía

1. Métodos cuantitativos para analizar el autoconcepto:

Los métodos cuantitativos utilizan datos numéricos y análisis estadísticos para medir diversas dimensiones de la autopercepción de un individuo, lo que proporciona información valiosa sobre la estructura y la dinámica del Yo. Un enfoque cuantitativo comúnmente empleado es el uso de instrumentos psicométricos, como cuestionarios de autoinforme y escalas estandarizadas, diseñados para capturar aspectos específicos del autoconcepto, como la autoestima, la autoeficacia y la autoimagen. Estos instrumentos suelen incluir escalas tipo Likert que permiten a los individuos evaluar su grado de acuerdo con diversas afirmaciones, proporcionando a los investigadores datos cuantificables para su análisis. Además, los investigadores pueden emplear herramientas de medición más directas, como tareas de tiempo de reacción y pruebas de asociación implícita, para evaluar actitudes implícitas y asociaciones automáticas relacionadas con el Yo. Estas medidas ofrecen información valiosa sobre aspectos inconscientes del autoconcepto. Asimismo, los avances tecnológicos han facilitado el uso de técnicas fisiológicas y de neuroimagen para estudiar cuantitativamente el autoconcepto. Los enfoques neurocientíficos, como la resonancia magnética funcional (fMRI) y el electroencefalograma (EEG), permiten a los investigadores explorar los correlatos neuronales del procesamiento autorreferencial, arrojando luz sobre los mecanismos cognitivos que subyacen a la formación y el mantenimiento del autoconcepto. Además de los métodos cuantitativos tradicionales, los investigadores también han recurrido al modelado computacional y a los enfoques basados en datos para analizar patrones complejos dentro de los datos de autoconcepto. Mediante algoritmos sofisticados y técnicas de aprendizaje automático, los investigadores pueden identificar relaciones matizadas y factores predictivos que configuran la dinámica del autoconcepto. Es importante señalar que, si bien los métodos cuantitativos ofrecen información valiosa sobre el autoconcepto, no están exentos de limitaciones. Los investigadores deben ser conscientes de los posibles sesgos, distorsiones de la respuesta y variaciones culturales que pueden influir en la interpretación de los datos cuantitativos. Además, las consideraciones éticas sobre la privacidad y la confidencialidad de los datos son primordiales al emplear herramientas tecnológicas avanzadas para el análisis del autoconcepto.

2. Enfoques cualitativos en la evaluación de las condiciones de valor:

Evaluar la naturaleza subjetiva y compleja de las condiciones de valía requiere el uso de enfoques cualitativos para comprender mejor las creencias y valores internalizados de las personas. Los métodos cualitativos son herramientas invaluables para explorar las múltiples dimensiones de las condiciones de valía, lo que permite un análisis matizado de las autopercepciones individuales y su impacto en el comportamiento y el bienestar emocional.

Mediante entrevistas en profundidad, análisis narrativo y codificación temática, los investigadores pueden desentrañar las capas de condiciones de valía que configuran el autoconcepto de una persona. Al profundizar en las narrativas personales y las experiencias vividas, los enfoques cualitativos facilitan la identificación de patrones y temas subyacentes relacionados con las condiciones de valía, arrojando luz sobre la influencia de las normas sociales, las relaciones interpersonales y los factores culturales. Además, la investigación cualitativa permite a las personas expresar sus experiencias y percepciones con sus propias palabras, proporcionando una perspectiva rica y contextualizada sobre los matices sutiles de las condiciones de valía que podrían no captarse únicamente mediante medidas cuantitativas. El uso de enfoques cualitativos también permite examinar la interacción dinámica entre las condiciones internalizadas de valía y la construcción de la identidad, dilucidando cómo las personas gestionan la tensión entre la autoexpresión auténtica y las expectativas sociales. Además, el empleo de métodos cualitativos permite a los investigadores explorar las variaciones culturales y contextuales únicas en las condiciones de valía, reconociendo las diversas perspectivas y realidades vividas de personas de diferentes orígenes. Sin embargo, es esencial reconocer que la investigación cualitativa exige una reflexividad rigurosa y consideraciones éticas para garantizar el respeto, la confidencialidad y la dignidad de los participantes. Por lo tanto, los investigadores deben abordar las investigaciones cualitativas con sensibilidad y conciencia de las dinámicas de poder, esforzándose por amplificar las voces marginadas y defender los principios de consentimiento informado y confidencialidad.

3. Métodos mixtos para la evaluación integral:

Al evaluar el autoconcepto y las condiciones de valía de un individuo, es fundamental emplear un enfoque integral que integre métodos mixtos. Esto implica combinar técnicas de evaluación cuantitativas y cualitativas para obtener una comprensión más holística de la naturaleza compleja de la autopercepción y los juicios sociales internalizados. Al utilizar una gama diversa de métodos, investigadores y profesionales pueden mitigar las limitaciones de depender únicamente de un tipo de evaluación, mejorando así la validez y la fiabilidad de sus hallazgos.

Las evaluaciones cuantitativas ofrecen información valiosa al cuantificar diversos aspectos del autoconcepto, como la autoestima y la autoeficacia, mediante cuestionarios y escalas estructurados. Estas medidas proporcionan datos numéricos que pueden analizarse estadísticamente para identificar patrones y correlaciones en el autoconcepto individual. Sin embargo, los enfoques cuantitativos pueden no captar los matices de la experiencia subjetiva de cada individuo, lo que podría pasar por alto importantes dimensiones cualitativas de la autopercepción.

Por el contrario, los métodos cualitativos, como las entrevistas en profundidad, el análisis narrativo y la expresión artística, revelan la riqueza de las narrativas y las creencias profundamente arraigadas que configuran el autoconcepto individual. Estos enfoques permiten explorar las experiencias personales, las emociones y los procesos de construcción de significado, arrojando luz sobre la interacción entre las condiciones internalizadas de valía y la auténtica autoconciencia. Sin embargo, las evaluaciones cualitativas pueden carecer de generalización y ser susceptibles al sesgo del investigador, lo que dificulta la extracción de conclusiones generales.

Al integrar métodos mixtos, los investigadores pueden aprovechar las fortalezas de los enfoques cuantitativos y cualitativos, a la vez que mitigan sus respectivas limitaciones. Triangular datos de diversas fuentes no solo enriquece la profundidad y amplitud de la evaluación, sino que también promueve el rigor metodológico y garantiza la convergencia de múltiples perspectivas. Por ejemplo, combinar datos de encuestas sobre niveles de autoestima con información cualitativa obtenida mediante entrevistas semiestructuradas permite una comprensión más completa de cómo las condiciones de valía impactan el autoconcepto de las personas en diversos contextos.

Los métodos mixtos permiten a los investigadores corroborar hallazgos en diferentes fuentes de datos, lo que aumenta la credibilidad y fiabilidad de sus conclusiones. Cuando los resultados cuantitativos se alinean con las narrativas cualitativas, surge una imagen coherente, lo que refuerza la validez de los resultados de la evaluación. Además, las discrepancias entre los datos cuantitativos y cualitativos pueden indicar áreas para una mayor exploración, lo que impulsa indagaciones más profundas sobre los factores subyacentes que configuran el autoconcepto de un individuo.

4. Instrumentos estandarizados: fortalezas y limitaciones:

Los instrumentos estandarizados ofrecen un enfoque rigurosamente estructurado para la medición, lo que permite una mayor uniformidad y comparabilidad entre diferentes individuos y contextos. Una de sus principales ventajas es su capacidad para proporcionar datos cuantificables que se pueden analizar e interpretar fácilmente. Mediante evaluaciones estandarizadas, investigadores y profesionales pueden obtener información estadística sobre el autoconcepto de un individuo y la influencia de las condiciones de valía, facilitando así la validación empírica de los constructos teóricos.

Sin embargo, es fundamental reconocer las limitaciones inherentes al uso de instrumentos estandarizados para evaluar constructos psicológicos complejos como el autoconcepto. Si bien estas herramientas ofrecen objetividad y estandarización, pueden no captar la naturaleza matizada y dependiente del contexto de la autopercepción. Además, los instrumentos estandarizados pueden no tener en cuenta adecuadamente las variaciones culturales y las diferencias individuales, lo que podría dar lugar a evaluaciones sesgadas o incompletas.

A pesar de sus ventajas, el uso de instrumentos estandarizados exige una consideración cautelosa. Los profesionales deben evaluar críticamente la pertinencia de estas herramientas en relación con los objetivos específicos de la evaluación y las características únicas del individuo evaluado. Además, es crucial complementar el uso de instrumentos estandarizados con la indagación cualitativa y la comprensión del contexto para obtener una perspectiva más holística del autoconcepto y las condiciones de valía de cada individuo.

5. Herramientas innovadoras y avances tecnológicos:

Los avances tecnológicos han revolucionado el campo de la evaluación del autoconcepto y las condiciones de valía, ofreciendo nuevas oportunidades y desafíos para psicólogos e investigadores. Herramientas innovadoras como los entornos de realidad virtual, los sensores biométricos y los algoritmos de aprendizaje automático han abierto nuevas posibilidades para comprender y evaluar las complejidades de la autopercepción humana. La tecnología de realidad virtual, por ejemplo, permite a las personas sumergirse en entornos simulados donde su autoconcepto puede observarse y manipularse en tiempo real. Los sensores biométricos ofrecen la capacidad de capturar respuestas fisiológicas que pueden indicar discrepancias entre el autoconcepto declarado por las personas y sus reacciones subconscientes. Además, los algoritmos de aprendizaje automático aplicados a grandes conjuntos de datos pueden descubrir patrones y relaciones ocultos en los datos de evaluación del autoconcepto, proporcionando información valiosa sobre las complejidades de la identidad humana. Estos avances tecnológicos representan un cambio de paradigma en la forma en que se miden y comprenden el autoconcepto y las condiciones de valía. Sin embargo, es crucial abordar las implicaciones éticas del uso de estas herramientas en la evaluación psicológica. Las cuestiones relativas a la privacidad de los datos, el consentimiento informado y los posibles sesgos en el análisis algorítmico deben considerarse y abordarse cuidadosamente. Además, la integración de herramientas innovadoras no debe eclipsar la importancia de la relación humana y la comprensión cualitativa para evaluar el autoconcepto. Si bien la tecnología ofrece vías de evaluación sin precedentes, es imperativo mantener un enfoque equilibrado que respete la autonomía y la dignidad del individuo. A medida que estas herramientas innovadoras continúan evolucionando, la colaboración interdisciplinaria entre psicólogos, tecnólogos y especialistas en ética se vuelve cada vez más esencial. Cultivar una comprensión compartida de las oportunidades y los límites de los avances tecnológicos puede allanar el camino para un uso responsable y eficaz de estas herramientas para evaluar el autoconcepto y las condiciones de valía. De cara al futuro, el desarrollo continuo de herramientas innovadoras promete ampliar nuestra comprensión de la psique humana y mejorar la calidad de la evaluación psicológica.

6. Consideraciones éticas en las prácticas de evaluación:

Las consideraciones éticas desempeñan un papel crucial para garantizar el bienestar y los derechos de las personas que participan en los procesos de evaluación. Principios éticos clave como la beneficencia, la no maleficencia, la autonomía y la justicia deben guiar cada fase de la evaluación, comenzando con el proceso de consentimiento informado. Antes de realizar cualquier evaluación, los profesionales deben asegurarse de que los participantes comprendan plenamente el propósito, los procedimientos, los posibles riesgos y los beneficios de la misma. Además, se debe informar a los participantes de su derecho a retirarse de la evaluación en cualquier momento sin sufrir repercusiones. La confidencialidad y la privacidad son estándares éticos fundamentales que requieren un estricto cumplimiento durante todo el proceso de evaluación. Los profesionales deben implementar medidas sólidas para proteger los datos sensibles y garantizar que la información solo se divulgue con consentimiento explícito o en situaciones en las que sea necesario informar obligatoriamente. Asimismo, se debe considerar la diversidad cultural y lingüística de los participantes para garantizar que las evaluaciones no sean sesgadas ni discriminatorias. Las prácticas de evaluación culturalmente sensibles implican el uso de instrumentos validados en diversas poblaciones, la participación de intérpretes cuando sea necesario y la consideración del impacto de las normas culturales en las respuestas individuales. Además, los profesionales deben ser conscientes de sus propios sesgos y trabajar activamente para mitigar su influencia en el proceso de evaluación y la interpretación de los resultados. Más allá de las interacciones individuales, las prácticas éticas de evaluación también se extienden a la difusión y utilización de los hallazgos. Los profesionales deben ser transparentes al comunicar los resultados de la evaluación a los participantes y las partes interesadas, evitando la tergiversación o la generalización excesiva de los hallazgos. La utilización de los resultados de la evaluación debe priorizar el bienestar de las personas, a la vez que promueve un beneficio social más amplio. Esto requiere una cuidadosa consideración de las posibles consecuencias no deseadas y un uso responsable de la información de la evaluación. El desarrollo profesional continuo y el cumplimiento de las directrices éticas establecidas por las organizaciones profesionales son esenciales para que los profesionales mantengan los estándares éticos en las prácticas de evaluación.

7. Sensibilidad cultural e inclusión en la evaluación:

Al centrar nuestra atención en el aspecto crucial de la sensibilidad cultural y la inclusión en la evaluación del autoconcepto y las condiciones de valía, es imperativo reconocer la profunda influencia de la cultura en las creencias, valores y comportamientos individuales. La diversidad cultural abarca un amplio espectro de factores, como la raza, la etnia, el idioma, la religión, el nivel socioeconómico, entre otros, que configuran la comprensión que una persona tiene de sí misma y las influencias externas que contribuyen a sus condiciones de valía. Al evaluar el autoconcepto y las condiciones de valía, es esencial adoptar un enfoque culturalmente sensible que reconozca y respete las perspectivas y experiencias únicas de las personas de diversos orígenes. Esto implica el uso de herramientas, técnicas y metodologías de evaluación inclusivas y adaptables a diferentes contextos culturales. Una consideración clave es la elección de instrumentos y medidas de evaluación validados en diversos grupos culturales, lo que garantiza su relevancia y precisión para personas de diversos orígenes. Además, la integración de enfoques cualitativos como el análisis narrativo o la investigación etnográfica puede proporcionar una comprensión más profunda de la relación sutil entre la cultura y el autoconcepto, permitiendo una comprensión más completa de la experiencia vivida de una persona. Además, los profesionales deben participar activamente en la educación y la formación continuas relacionadas con la competencia cultural, equipándose con las habilidades necesarias para gestionar las complejidades de las diversas dinámicas culturales durante el proceso de evaluación. Esto implica desarrollar una conciencia de los posibles sesgos, estereotipos y suposiciones que pueden afectar la evaluación del autoconcepto y las condiciones de valía. Además, fomentar la comunicación abierta y establecer una relación basada en la confianza y el respeto con personas de diversos orígenes culturales es esencial para crear un entorno seguro y de apoyo para la evaluación. Al involucrar activamente a las personas en el proceso de evaluación y valorar sus aportaciones, los profesionales pueden garantizar que la evaluación se realice de una manera que respete su identidad y perspectiva cultural únicas. Adoptar la sensibilidad cultural y la inclusión en la evaluación del autoconcepto y las condiciones de valía no solo mejora la validez y la fiabilidad de las evaluaciones, sino que también promueve la equidad y la justicia social en la práctica psicológica.

Enfoques terapéuticos para reforzar los autoconceptos auténticos

1. Principios de la terapia centrada en el cliente:

La terapia centrada en el cliente, también conocida como terapia centrada en la persona, es un enfoque humanista que sitúa al cliente en el centro del proceso terapéutico. Desarrollada por el psicólogo Carl Rogers, este enfoque enfatiza la importancia de crear un entorno de apoyo y empatía donde los clientes puedan explorar sus pensamientos y sentimientos sin ser juzgados. Los principios de la terapia centrada en el cliente giran en torno a varios principios clave que guían el proceso terapéutico. En primer lugar, el terapeuta debe transmitir al cliente consideración positiva incondicional, empatía y congruencia, creando un ambiente de aceptación y comprensión. Este énfasis en la comprensión empática apoya la tendencia natural del cliente hacia el crecimiento y la autorrealización. En segundo lugar, el terapeuta debe cultivar un enfoque no directivo, permitiendo que el cliente tome la iniciativa al hablar de sus preocupaciones, objetivos y experiencias. De esta manera, el terapeuta transmite respeto por la autonomía e individualidad del cliente, fomentando un sentido de empoderamiento y autodescubrimiento. Además, la terapia centrada en el cliente refuerza el concepto de la tendencia a la actualización, el impulso innato de las personas para alcanzar su máximo potencial y llevar una vida plena. Al alinearse con este principio, los terapeutas ayudan a los clientes a aceptar sus fortalezas, valores y aspiraciones únicas, lo que facilita el crecimiento personal y el bienestar psicológico. Además, el proceso terapéutico anima a los clientes a la autoexploración y la introspección, promoviendo una mayor autoconciencia y comprensión de sus emociones, comportamientos y relaciones. A través de este proceso reflexivo, los clientes obtienen claridad sobre sus experiencias y desarrollan una comprensión más profunda de sí mismos.

2. Consideración positiva incondicional:

La Consideración Positiva Incondicional (CPI) es un pilar fundamental de la terapia centrada en el cliente de Carl Rogers, esencial para fomentar un entorno terapéutico propicio para la auténtica autoexploración y el crecimiento personal. En esencia, la CPI encarna una aceptación y un respeto inquebrantables por el cliente, libre de juicios y condiciones. Al encarnar la empatía genuina y la consideración positiva incondicional, el terapeuta cultiva un espacio donde las personas se sienten verdaderamente comprendidas, valoradas y aceptadas, facilitando un ambiente sin prejuicios que fomenta la expresión de pensamientos y emociones genuinos sin temor al rechazo ni a la crítica. La práctica de la CPI enfatiza la visión del cliente como inherentemente digno, capaz y merecedor de respeto. Esto eleva su autonomía y autodeterminación, promoviendo un sentido de empoderamiento y autonomía en su camino de crecimiento personal. A través de la CPI, los terapeutas transmiten un profundo nivel de empatía, calidez y comprensión, reforzando el valor inherente y la autoestima del cliente. Además, la CPI permite a las personas explorar sus experiencias, sentimientos y valores sin reservas, lo que les permite una mayor comprensión y autoconciencia. Al experimentar una consideración positiva incondicional dentro de la relación terapéutica, los clientes pueden generar confianza, fortalecer su autoestima y adquirir seguridad en su capacidad para actuar con autenticidad. Los terapeutas que emplean la CPI muestran congruencia en sus interacciones, asegurando que su autenticidad y autenticidad coincidan con las experiencias de sus clientes, consolidando aún más la confianza. Esta aceptación incondicional y comprensión empática proporcionan un terreno fértil para que las personas afronten y trabajen con emociones y experiencias desafiantes, allanando el camino para un profundo crecimiento y desarrollo personal.

3. El papel de la empatía en la mejora del autoconcepto:

Como terapeutas, la capacidad de empatizar con los clientes es fundamental para crear un entorno seguro y propicio para la exploración y el crecimiento personal. La empatía implica la capacidad de comprender y conectar con las emociones, experiencias y perspectivas de otra persona sin juicios ni prejuicios. Cuando se aplica eficazmente en un entorno terapéutico, la empatía puede contribuir significativamente a reforzar un autoconcepto auténtico. Al escuchar activamente y sintonizar con las emociones del cliente, el terapeuta demuestra una comprensión y validación genuinas de su mundo interior. Esta validación fomenta un sentido de valía y trascendencia, cultivando la confianza del cliente en su propia experiencia y autoexpresión. A través de la interacción empática, los clientes a menudo se sienten empoderados para explorar y reconocer sus pensamientos y sentimientos, lo que conduce a una comprensión y aceptación más profundas de su yo auténtico. Además, la empatía crea un espacio para que las personas procesen sus experiencias y desafíos, brindándoles la oportunidad de profundizar en su comprensión y crecimiento personal. La relación terapéutica empática sirve como un espejo que refleja las emociones y experiencias del cliente, permitiéndole desarrollar un autoconcepto más coherente e integrado. Además, cuando los clientes se sienten verdaderamente comprendidos y aceptados, son más propensos a entablar una comunicación abierta y honesta, esencial para la exploración y reconstrucción de su autoconcepto. Asimismo, la empatía promueve la confianza y la compenetración entre el cliente y el terapeuta, allanando el camino para una experiencia terapéutica colaborativa y eficaz. Es a través de este vínculo de confianza que los clientes se sienten apoyados para afrontar las barreras que les impiden el desarrollo personal y aceptar su verdadero yo.

4. Congruencia a través de técnicas terapéuticas:

La congruencia, a menudo denominada genuinidad o autenticidad, es la alineación entre las experiencias internas y las expresiones externas de un individuo. Es fundamental que los terapeutas encarnen la congruencia, sirviendo como modelo a seguir para los clientes en su camino hacia la autoconciencia y la aceptación genuinas. Las técnicas terapéuticas destinadas a facilitar la congruencia abarcan diversas modalidades que promueven la transparencia, la honestidad y la apertura dentro de la relación terapéutica.

Un enfoque significativo implica la práctica de la autorrevelación por parte del terapeuta. Compartir estratégica y selectivamente las experiencias y emociones personales, cuando se considera beneficioso para el progreso del cliente, puede establecer un sentido de mutualidad y confianza dentro de la alianza terapéutica. Esta técnica permite a los clientes presenciar la respuesta auténtica del terapeuta, lo que fomenta la validación de sus propias experiencias y emociones. Sin embargo, requiere una cuidadosa reflexión y un juicio ético para evitar que las revelaciones del terapeuta eclipsen la narrativa del cliente.

Otra técnica eficaz se centra en la congruencia de la comunicación verbal y no verbal. Al alinear los mensajes verbales con las señales no verbales correspondientes, los terapeutas pueden transmitir sinceridad y autenticidad, lo que refuerza la confianza del cliente en el proceso terapéutico. Esta comunicación congruente crea un espacio seguro para que los clientes se expresen abiertamente y se sientan comprendidos sin ser juzgados. Además, refuerza la idea de que sus experiencias son reconocidas y valoradas en el entorno terapéutico.

Las técnicas Gestalt, como el trabajo de la silla vacía y los ejercicios de rol, pueden ser fundamentales para ayudar a los clientes a explorar sus propias incongruencias. Estos métodos experienciales brindan oportunidades para afrontar conflictos internos y emociones no resueltas, promoviendo así un sentido integral del Yo. Animar a los clientes a profundizar en estos aspectos fomenta la autoexploración y ayuda a conciliar autopercepciones conflictivas, reforzando así la congruencia y la autenticidad.

Además, el uso de técnicas cognitivo-conductuales, como la exploración de distorsiones cognitivas y el cuestionamiento de patrones de pensamiento desadaptativos, permite alinear las creencias de los clientes con sus sentimientos y experiencias reales. Al abordar las discrepancias entre pensamientos, emociones y comportamientos, este enfoque facilita la congruencia y mejora la autocomprensión y la aceptación.

5. Autoaceptación y autenticidad:

Promover la autoaceptación y la autenticidad es fundamental en el proceso terapéutico para reforzar la autopercepción auténtica. La autoaceptación implica reconocer y aceptar todas las facetas de uno mismo, incluyendo fortalezas, debilidades y vulnerabilidades. Requiere reconocer las propias emociones, pensamientos y comportamientos sin juicios ni autocríticas. La autenticidad, por otro lado, se refiere a la alineación entre las experiencias internas y las expresiones externas, fomentando la congruencia y la coherencia. En el contexto del enfoque centrado en la persona de Carl Rogers, promover la autoaceptación y la autenticidad constituye la piedra angular de las intervenciones terapéuticas significativas. A través de un entorno de apoyo y sin prejuicios, los terapeutas se esfuerzan por guiar a las personas hacia una mayor autocomprensión y autocompasión. Al animar a los clientes a explorar sus experiencias internas abiertamente y sin inhibiciones, los terapeutas pueden ayudarles a cultivar una relación más genuina y tolerante consigo mismos. Este proceso implica validar la complejidad de las emociones y experiencias humanas, a la vez que cuestiona los estándares poco realistas de perfección y el autojuicio. Además, cultivar la autenticidad implica ayudar a las personas a alinear sus acciones con sus verdaderos valores y creencias, fomentando un sentido de coherencia e integración con el Yo. Los terapeutas emplean diversas técnicas, como la escucha reflexiva, la comprensión empática y las interacciones genuinas, para promover la autoaceptación y la autenticidad. La escucha reflexiva permite a los clientes sentirse escuchados y comprendidos, empoderándolos para ahondar en su mundo interior sin temor a ser juzgados. La comprensión empática permite a los terapeutas conectar con las personas a un nivel emocional profundo, fomentando un sentido de confianza y validación. Las interacciones genuinas crean un entorno donde los clientes pueden expresarse con autenticidad, libres de presiones o expectativas sociales. Asimismo, la integración de prácticas basadas en la atención plena puede ser fundamental para promover la autoaceptación y la autenticidad. La atención plena anima a las personas a observar sus pensamientos y sentimientos sin apego ni aversión, fomentando una conciencia del momento presente sin prejuicios. Al incorporar la atención plena a la terapia, las personas pueden aprender a reconocer sus experiencias con apertura y curiosidad, mejorando así la autoaceptación y la autocomprensión.

6. Prácticas basadas en la atención plena:

Las prácticas basadas en la atención plena han cobrado gran importancia en el ámbito terapéutico y se integran cada vez más para reforzar la autoimagen auténtica. La incorporación de técnicas de atención plena, derivadas de las tradiciones de meditación budista, ofrece a las personas un enfoque holístico para la autoconciencia y la regulación emocional. Al cultivar la conciencia del momento presente y la aceptación sin prejuicios, las personas pueden desarrollar una mayor comprensión de sus experiencias internas y fomentar una relación más compasiva consigo mismas.

Las intervenciones basadas en la atención plena suelen incluir meditaciones guiadas, escaneos corporales y ejercicios de movimiento consciente que animan a las personas a dirigir su atención a las sensaciones corporales y a las fluctuaciones de sus pensamientos y emociones. Mediante la práctica regular, los clientes pueden aprender a observar sus experiencias internas sin enredarse en ellas, promoviendo así un sentido de desapego y fomentando una mayor capacidad de autocompasión. Además, las prácticas basadas en la atención plena pueden ayudar a las personas a reconocer y desafiar patrones de pensamiento negativos, facilitando así un cambio hacia creencias más positivas y empoderadoras.

En el contexto del fortalecimiento de autoconceptos auténticos, las prácticas basadas en mindfulness pueden servir como una herramienta poderosa para descubrir las creencias y autopercepciones subyacentes que pueden contribuir a sentimientos de incompetencia o baja autoestima. Al cultivar una actitud libre de juicios hacia estas experiencias internas, las personas pueden comenzar a desentrañar respuestas condicionadas profundamente arraigadas y reemplazarlas gradualmente por perspectivas más adaptativas y constructivas. Además, la integración de prácticas basadas en mindfulness complementa el enfoque centrado en el cliente al proporcionar un marco para fomentar la consideración positiva incondicional y la empatía hacia uno mismo.

7. Impacto de la reflexión en el crecimiento personal:

A través del proceso de introspección y autoexamen, las personas obtienen valiosas perspectivas sobre sus pensamientos, emociones y comportamientos, lo que les permite desarrollar una mayor autoconciencia e inteligencia emocional. Esta mayor conciencia les permite identificar patrones de pensamiento y comportamiento que podrían estar obstaculizando su crecimiento personal, brindándoles así la oportunidad de un cambio positivo. Además, las prácticas reflexivas les permiten explorar sus valores, creencias y aspiraciones internas, fomentando una comprensión más profunda de sí mismos y mejorando su bienestar general. Mediante la reflexión sostenida, las personas pueden cultivar un mayor sentido de autenticidad y autoaceptación, allanando el camino para un crecimiento personal sustancial.

En el contexto de entornos terapéuticos, la reflexión guiada se utiliza a menudo para ayudar a las personas a explorar su interior y afrontar los problemas subyacentes que pueden estar obstaculizando su autoconcepto. Al participar en ejercicios reflexivos, las personas pueden analizar sus experiencias pasadas, evaluar sus circunstancias actuales y visualizar su futuro con claridad y propósito. Este proceso de autorreflexión es fundamental para promover la resiliencia, ya que las personas desarrollan la capacidad de aprender de sus experiencias, adaptarse a los desafíos y fomentar una perspectiva positiva de la vida. Además, el impacto de la reflexión va más allá del crecimiento personal, ya que también contribuye al cultivo de la empatía y la comprensión en las relaciones interpersonales. A medida que las personas comprenden sus propias dificultades y triunfos mediante prácticas reflexivas, se vuelven más capaces de empatizar con las experiencias de los demás, fortaleciendo así sus conexiones con quienes les rodean.

Además, la reflexión es fundamental para el desarrollo personal en la terapia centrada en el cliente, en consonancia con el énfasis de Carl Rogers en la capacidad del individuo para el crecimiento personal. Proporciona una plataforma para que los clientes exploren sus sentimientos y percepciones en un espacio seguro y sin prejuicios, empoderándolos para explorar su interior con honestidad y vulnerabilidad. Este proceso fomenta un sentido de autonomía y autoeficacia, a medida que los clientes se apropian de sus narrativas personales y emprenden un viaje de autodescubrimiento. El impacto de la reflexión en el crecimiento personal trasciende el ámbito terapéutico, permeando diversas facetas de la vida de una persona, incluyendo sus procesos de toma de decisiones, dinámicas interpersonales y búsqueda de la plenitud. En esencia, la práctica de la reflexión regular no solo facilita un profundo crecimiento personal, sino que también cultiva un sentido más profundo de propósito, resiliencia y autenticidad.

8. Desafíos para reforzar los autoconceptos positivos:

Uno de los principales obstáculos para facilitar el fortalecimiento de autoconceptos positivos son las creencias negativas profundamente arraigadas que las personas pueden tener sobre sí mismas. Estas autopercepciones negativas a menudo provienen de experiencias pasadas, presiones sociales o críticas internalizadas. Superar estas creencias negativas tan arraigadas requiere un enfoque reflexivo y personalizado que considere las experiencias y perspectivas únicas de cada individuo.

Además, otro desafío radica en abordar la resistencia al cambio. Las personas pueden mostrar resistencia a adoptar un autoconcepto positivo debido al miedo a lo desconocido, la complacencia con su estado actual o el escepticismo sobre la posibilidad de transformación. Superar esta resistencia requiere un delicado equilibrio de empatía, paciencia y un estímulo amable para cambiar gradualmente las perspectivas y abrir la puerta a la autoaceptación y una autoestima positiva.

Las influencias externas, como las normas sociales y las expectativas culturales, pueden suponer importantes retos para reforzar el autoconcepto auténtico. La influencia generalizada de las normas y expectativas sociales a menudo crea barreras para aceptar la propia identidad y valores. Los terapeutas deben gestionar estas presiones externas con sensibilidad, guiando a las personas para que reevalúen y redefinan su autoestima basándose en sus cualidades y aspiraciones intrínsecas, en lugar de en validaciones externas.

La complejidad de abordar traumas y heridas emocionales subyacentes presenta obstáculos adicionales para fortalecer autoconceptos positivos. Los traumas no resueltos y las heridas emocionales pasadas pueden crear barreras para la autoaceptación y distorsionar la percepción que una persona tiene de sí misma. Abordar estas heridas profundas requiere un entorno compasivo y de apoyo donde las personas se sientan seguras para explorar y confrontar sus emociones, fomentando un camino gradual hacia la autoreconciliación y el empoderamiento.

CONSIDERACIÓN POSITIVA INCONDICIONAL

Conceptos y conceptos erróneos

1. Concepto central:

Como se mencionó anteriormente, la consideración positiva incondicional, un concepto fundamental en la psicología humanista, es un principio multifacético que sustenta la terapia centrada en el cliente y tiene implicaciones más amplias en diversos contextos relacionales. En esencia, este principio propugna la aceptación y el apoyo incondicionales de las personas sin juicios ni condiciones, fomentando un entorno propicio para el crecimiento personal y la autorrealización.

El concepto de consideración positiva incondicional, desarrollado por Carl Rogers, se alinea con la creencia humanista fundamental en el valor inherente y el potencial de crecimiento de cada persona. Por ello, los profesionales guiados por este principio se esfuerzan por crear un ambiente terapéutico caracterizado por la empatía, la comprensión y una calidez genuina. Al demostrar congruencia y autenticidad en sus interacciones, los terapeutas permiten a sus clientes explorar sus sentimientos, pensamientos y experiencias sin temor al rechazo ni a la crítica.

La aplicación de la consideración positiva incondicional exige una profunda apreciación de las experiencias subjetivas del cliente. Los terapeutas tienen la tarea de aceptar la perspectiva única del individuo y validar sus emociones, independientemente de las normas sociales o los juicios de valor. Esta postura empática anima a los clientes a participar en la introspección y la autoexploración, contribuyendo al proceso de autodescubrimiento y la formación de la identidad.

Un aspecto crucial del análisis profundo consiste en discernir las limitaciones y los desafíos prácticos asociados con la implementación de la consideración positiva incondicional en entornos terapéuticos. Si bien este principio representa una aspiración ideal para las relaciones terapéuticas, los terapeutas deben gestionar las complejidades de las diversas presentaciones de los clientes, incluyendo aquellos con psicopatología grave o conductas desafiantes. Equilibrar la aceptación inquebrantable que exige la consideración positiva incondicional con las responsabilidades éticas y los límites clínicos presenta un dilema profesional significativo que requiere una consideración cuidadosa y una reflexión continua.

El análisis de la consideración positiva incondicional abarca su función como catalizador del cambio transformador dentro de la dinámica terapéutica. Al crear un espacio seguro para que los clientes se expresen con autenticidad, los terapeutas cultivan un entorno que fomenta el procesamiento emocional, el desarrollo de la introspección y los mecanismos adaptativos de afrontamiento. Mediante la provisión constante de consideración positiva incondicional, los clientes pueden experimentar un cambio profundo en sus percepciones de autoestima, resiliencia y relaciones interpersonales, fomentando así cambios conductuales y de actitud posteriores.

Una dimensión adicional del análisis se refiere a la relación entre la consideración positiva incondicional y la diversidad cultural. Reconociendo que los antecedentes culturales, las creencias y los valores influyen significativamente en las experiencias y expresiones de las personas, es imperativo explorar la interseccionalidad de este principio con una clientela diversa. La sensibilidad a los matices culturales, las identidades sociales y las diferencias de poder es fundamental para traducir el ethos de la consideración positiva incondicional a la práctica sin perpetuar inadvertidamente sesgos ni imponer suposiciones homogeneizadoras.

2. Malentendidos comunes y aclaraciones:

El concepto de consideración positiva incondicional, aunque profundo en su simplicidad, suele estar sujeto a diversos malentendidos y conceptos erróneos. Un malentendido frecuente se relaciona con la suposición de que la consideración positiva incondicional implica la afirmación indiscriminada o la aprobación general de todo comportamiento, independientemente de sus implicaciones éticas o morales. Sin embargo, es esencial aclarar que la consideración positiva incondicional, tal como la articuló Carl Rogers, no aboga por la aprobación de comportamientos dañinos o destructivos. En cambio, enfatiza la aceptación empática del cliente como persona, independientemente de sus acciones o expresiones.

Otro error común consiste en confundir la consideración positiva incondicional con la mera cortesía o las cortesías en las interacciones terapéuticas. Si bien la cortesía y el respeto son componentes fundamentales de una relación terapéutica, la consideración positiva incondicional trasciende las cortesías superficiales. Abarca una apreciación genuina y sin prejuicios de la experiencia subjetiva del cliente, independientemente de si está de acuerdo o no con sus perspectivas o decisiones.

Han surgido algunas críticas sobre la viabilidad práctica de incorporar de forma consistente la consideración positiva incondicional en contextos terapéuticos. Los críticos argumentan que las personas, incluidos los terapeutas, pueden poseer sesgos o juicios de valor inherentes que pueden obstaculizar la genuina práctica de la consideración positiva incondicional. Abordar este escepticismo requiere una comprensión matizada que reconozca las complejidades inherentes de la interacción humana, a la vez que enfatiza el compromiso continuo con la autoconciencia, la introspección y la sintonía empática.

Además, existe la idea errónea de que la consideración positiva incondicional implica la ausencia de límites o limitaciones en la relación terapéutica. Sin embargo, definir los límites profesionales y las directrices éticas sigue siendo crucial para mantener la integridad de la alianza terapéutica. La consideración positiva incondicional coexiste con la responsabilidad ética de priorizar el bienestar y la seguridad del paciente, fomentando un equilibrio entre el apoyo empático y la preservación de límites adecuados.

Algunas personas expresan preocupación por la posibilidad de explotación o manipulación al practicar la consideración positiva incondicional. Comprender esta aprensión requiere una clara distinción entre la empatía auténtica y las tácticas manipuladoras. La consideración positiva incondicional auténtica emana de una postura empática genuina, libre de segundas intenciones o intentos de controlar las emociones o decisiones del cliente.

3. Perspectivas teóricas y debates:

El concepto de consideración positiva incondicional ha suscitado importantes perspectivas teóricas y debates en el campo de la psicoterapia. Un debate predominante gira en torno a hasta qué punto el terapeuta puede realmente lograr esta consideración. Algunos académicos argumentan que las diferencias de poder inherentes y los sesgos inconscientes pueden impedir que los terapeutas la ejerzan plenamente, lo que lleva a una expresión superficial en lugar de una aceptación y comprensión genuinas. Por otro lado, quienes defienden este concepto enfatizan el potencial transformador que tiene el terapeuta cuando se esfuerza auténticamente por practicar la consideración positiva incondicional, considerándola un imperativo ético y moral para fomentar el crecimiento del paciente.

Otra perspectiva teórica se refiere a las consideraciones culturales y contextuales al aplicar la consideración positiva incondicional en diversas poblaciones. Los críticos argumentan que los orígenes occidentales de la psicología humanista podrían limitar la universalidad de la consideración positiva incondicional, lo que exige una reevaluación de su aplicabilidad en contextos culturales no occidentales. Además, la interacción entre el individualismo y el colectivismo en diferentes sociedades plantea interrogantes sobre la manifestación ideal de la consideración positiva incondicional en diversos marcos culturales.

Un debate de larga data se centra en la relación entre la consideración positiva incondicional y la necesidad de establecer límites terapéuticos. Sus defensores argumentan que la aceptación incondicional que defiende Carl Rogers no es sinónimo de ausencia de límites profesionales, enfatizando la importancia de crear un entorno terapéutico seguro y estructurado. Por el contrario, los escépticos cuestionan si la consideración positiva incondicional podría difuminar inadvertidamente los límites profesionales, comprometiendo potencialmente los estándares éticos y el bienestar del paciente.

La integración de la consideración positiva incondicional en los tratamientos basados en la evidencia ha sido objeto de un debate continuo. Mientras algunos abogan por la incorporación de principios humanísticos en intervenciones con respaldo empírico, otros plantean inquietudes sobre la crítica de la psicología humanística desde la perspectiva de las ciencias blandas y afirman la necesidad de una validación empírica rigurosa de los resultados asociados con la consideración positiva incondicional.

4. Interfaz con la práctica centrada en el cliente:

Basada en los principios fundamentales de la psicología humanista, la práctica centrada en el cliente prioriza la creación de un entorno terapéutico comprensivo y empático. En este contexto, el concepto de consideración positiva incondicional es la piedra angular para cultivar un espacio donde los clientes puedan explorar sus experiencias internas y autoexplorarse sin temor a juicios ni críticas.

La base de la práctica centrada en el cliente reside en la creencia de que las personas poseen la capacidad de alcanzar su potencial de crecimiento personal y autorrealización. Al integrar el concepto de consideración positiva incondicional en el proceso terapéutico, los profesionales se esfuerzan por ofrecer una aceptación inquebrantable de los pensamientos, sentimientos y experiencias de los clientes. Este enfoque no solo genera una sensación de seguridad psicológica, sino que también empodera a los clientes para aceptar su yo auténtico, facilitando así su camino hacia el autodescubrimiento y la realización de sus capacidades innatas de cambio y desarrollo.

Al reconocer y valorar las experiencias subjetivas de los clientes sin imponer interpretaciones ni evaluaciones externas, los profesionales centrados en el cliente honran la autonomía e individualidad de cada uno. Buscan crear una relación de colaboración caracterizada por la empatía, la comprensión genuina y la escucha activa, fomentando así una alianza terapéutica basada en la confianza y el respeto. La integración fluida de la consideración positiva incondicional en la práctica centrada en el cliente subraya el valor y la dignidad inherentes de cada individuo, reflejando la filosofía de la psicología humanista que sustenta este enfoque.

La interacción con la práctica centrada en el cliente trasciende los límites del entorno terapéutico, permeando diversos aspectos de la vida de las personas. Al promover la autoconciencia, la autoaceptación y la autonomía personal, los principios de la consideración positiva incondicional se alinean a la perfección con el objetivo general de la práctica centrada en el cliente: empoderarlo para mejorar su bienestar general y promover su crecimiento introspectivo. En consecuencia, estos principios desempeñan un papel fundamental en la configuración no solo de la dinámica de la relación terapéutica, sino también de su impacto más amplio en las relaciones interpersonales, la toma de decisiones y el sentido de autoeficacia de los clientes.

5. Relevancia en el entorno psicoterapéutico actual:

A medida que los profesionales de la salud mental abordan las complejidades de diversas poblaciones de pacientes y diversas modalidades terapéuticas, los principios fundamentales de empatía, aceptación y comprensión genuina se vuelven cada vez más vitales. En una era caracterizada por una mayor conciencia de la diversidad social y cultural, la capacidad de acoger incondicionalmente a los pacientes, independientemente de sus antecedentes o creencias, es un sello distintivo de una práctica eficaz.

El entorno psicoterapéutico contemporáneo también se enfrenta a los desafíos que plantean los avances tecnológicos y las plataformas digitales. A pesar de la proliferación de la teleterapia y las intervenciones en línea, los principios fundamentales de la consideración positiva incondicional siguen siendo inquebrantablemente pertinentes. Ya sea en encuentros presenciales o en interacciones virtuales, la expresión auténtica de sintonía empática y aceptación sin prejuicios constituye la base de alianzas terapéuticas significativas.

El concepto de consideración positiva incondicional ofrece una respuesta convincente al creciente énfasis en la práctica basada en la evidencia. Si bien la validación empírica es esencial, no se puede subestimar el valor inherente de fomentar un entorno terapéutico profundamente empático. Mediante la exploración sostenida de los matices y complejidades de las narrativas de los pacientes, los profesionales de la salud mental pueden aprovechar el poder de la consideración positiva incondicional para facilitar una profunda transformación emocional y psicológica.

A medida que la sociedad se enfrenta a problemas de estigma y marginación, la necesidad de ofrecer una consideración positiva incondicional se vuelve cada vez más urgente. Al brindar un espacio seguro y afirmativo donde los clientes puedan expresar auténticamente sus experiencias y vulnerabilidades, los terapeutas pueden lograr un cambio transformador en las personas y las comunidades. Cultivar la confianza y la empatía, a menudo fomentada mediante la aplicación constante de la consideración positiva incondicional, sirve como catalizador para empoderar a los clientes y embarcarlos en caminos de autodescubrimiento y sanación.

Mecanismos de cambio

1. Fundamentos teóricos:

Basándose en la obra de Carl Rogers, los fundamentos teóricos del crecimiento psicológico proporcionan un marco integral para comprender los matices del desarrollo humano en el contexto de la práctica terapéutica. La perspectiva de Rogers se centra en la creencia en la tendencia inherente de las personas a esforzarse por alcanzar la autorrealización y la realización personal. Este enfoque humanista desplaza el enfoque de la patología y la reducción de síntomas hacia la promoción del bienestar holístico y la realización del propio potencial. En esta perspectiva, es fundamental el concepto de "autoconcepto", que abarca las percepciones que el individuo tiene de sí mismo, incluyendo sus creencias, actitudes y valores. Rogers postuló que una incongruencia entre el Yo percibido y el Yo ideal podría provocar angustia personal y desajuste psicológico. Por lo tanto, el proceso terapéutico busca facilitar la congruencia entre estos dos aspectos, fomentando así un sentido de autenticidad y autoconciencia. Además, Rogers introdujo el concepto fundamental del proceso de valoración organísmica, que guía a las personas hacia comportamientos y experiencias congruentes con su verdadero yo. Al acoger esta tendencia innata al crecimiento positivo, los terapeutas pueden ayudar a sus clientes a alinear su comportamiento con sus valores y aspiraciones internas, fomentando un genuino sentido de propósito y plenitud. Además, la comprensión empática y la consideración positiva incondicional son fundamentales para facilitar el crecimiento psicológico. A través de la sintonía empática, los terapeutas pueden crear un entorno seguro y de apoyo donde los clientes se sienten comprendidos y validados, sentando las bases para el autodescubrimiento transformador y la introspección. Además, la consideración positiva incondicional cultiva una atmósfera de aceptación y no juicio, permitiendo a los clientes explorar sus emociones y experiencias sin temor al rechazo ni a la crítica. Este entorno de consideración positiva incondicional es vital para que los clientes participen en el vulnerable y a menudo desafiante proceso de autoexploración y crecimiento personal.

2. Autodescubrimiento a través de la consideración positiva incondicional:

En el campo de la psicoterapia, el concepto de autodescubrimiento es un tema fundamental, que encapsula el proceso mediante el cual las personas se involucran en la exploración introspectiva y afirman su identidad esencial. La Consideración Positiva Incondicional (CPI), conceptualizada por Carl Rogers, representa una piedra angular para liberar el potencial de autodescubrimiento en entornos terapéuticos. Al proporcionar un entorno de aceptación y comprensión empática, los terapeutas crean un espacio donde los clientes pueden profundizar en sus pensamientos, emociones y experiencias más profundas sin temor al juicio ni al rechazo.

La esencia del autodescubrimiento reside en la interacción auténtica entre el cliente y el terapeuta. CPI fomenta un clima de seguridad y confianza, empoderando a las personas a explorar su interior con curiosidad y resiliencia. A través de esta aceptación incondicional, se anima a los clientes a aceptar su yo genuino, desenredando las expectativas sociales y los condicionamientos del pasado para descubrir su identidad auténtica. Al desprenderse de las capas de pretensión y conformidad, las personas se embarcan en un viaje transformador hacia una mayor autoconciencia y congruencia.

El proceso de facilitar el autodescubrimiento a través de la CPI implica un delicado equilibrio entre empatía, congruencia y una consideración positiva inquebrantable. Los terapeutas demuestran un interés genuino en las experiencias de sus clientes, reflejando sus pensamientos y sentimientos con precisión y sensibilidad. Esta postura reflexiva anima a los clientes a profundizar en su autoexploración, sintiéndose verdaderamente comprendidos y valorados. Además, los terapeutas ejemplifican la autenticidad y la transparencia, encarnando los principios que buscan cultivar en sus clientes. Esta congruencia sienta las bases para un autodescubrimiento significativo, inspirando a las personas a aceptar la vulnerabilidad y la autenticidad en sus interacciones terapéuticas.

La CPI sirve como catalizador para trascender las limitaciones autoimpuestas y fomentar el crecimiento personal. A medida que los clientes experimentan empatía y aceptación incondicional, comienzan a desafiar creencias y narrativas arraigadas que han limitado su autoestima. A través de este proceso, las personas comprenden mejor sus valores, aspiraciones y fortalezas inherentes, empoderándolas para buscar la coherencia y la plenitud en sus vidas. El viaje de autodescubrimiento que impulsa la CPI a menudo conduce a profundos cambios de perspectiva, permitiendo a los clientes afrontar las complejidades de la vida con una claridad y resiliencia renovadas.

3. Autoaceptación y autenticidad:

Promover la autoaceptación y la autenticidad es fundamental en el enfoque terapéutico de la Consideración Positiva Incondicional. Este concepto se centra en la creencia de que las personas poseen una capacidad innata para el crecimiento y la autorrealización cuando se les proporciona un entorno propicio para la aceptación genuina. Al extender la CPI, los terapeutas buscan crear un espacio donde los clientes puedan explorar sus pensamientos, sentimientos y experiencias sin temor a ser juzgados o invalidados. Este proceso fomenta una comprensión más profunda de uno mismo y fomenta el desarrollo de la autocompasión y la empatía. A través de la CPI, se anima a los clientes a aceptar su yo auténtico, libres de las expectativas sociales o las presiones externas. Este énfasis en la autenticidad permite a las personas entablar un diálogo más honesto y abierto sobre sus experiencias, lo que en última instancia conduce a una mayor autoconciencia y bienestar emocional. Además, al promover la autoaceptación, la CPI empodera a los clientes para gestionar las complejidades de su vida interior con valentía y resiliencia. A medida que los clientes internalizan la aceptación incondicional que ofrece el terapeuta, comienzan a cultivar un autoconcepto positivo, reconociendo sus fortalezas y limitaciones con gracia y humildad. El proceso de promover la autoaceptación y la autenticidad a través de la CPI también se extiende a la exploración de valores y creencias personales. Los terapeutas guían a los clientes para que alineen sus acciones con sus valores inherentes, fomentando un sentido de congruencia entre sus experiencias internas y comportamientos externos. Esta alineación sirve como piedra angular para construir relaciones saludables, establecer límites y tomar decisiones basadas en valores en diversos aspectos de la vida. Además, el cultivo de la autenticidad contribuye al desarrollo de un fuerte sentido de identidad y propósito, permitiendo a los clientes llevar vidas más plenas y significativas. En general, promover la autoaceptación y la autenticidad a través de la CPI representa un viaje transformador hacia la aceptación del verdadero yo, el fomento de la resiliencia emocional y la realización del potencial personal.

4. Transferencia y Alianza Terapéutica:

La transferencia, un concepto central en la teoría psicoanalítica, se refiere a la redirección inconsciente de sentimientos de una persona a otra, a menudo basada en experiencias pasadas o relaciones significativas. En el contexto terapéutico, la transferencia puede desempeñar un papel fundamental en la configuración de la alianza terapéutica e influir en la experiencia del cliente de consideración positiva incondicional. Comprender y gestionar eficazmente la transferencia es esencial para fomentar una relación terapéutica productiva y sanadora.

La alianza terapéutica, caracterizada por la confianza, la colaboración y los objetivos compartidos, constituye la base para la aplicación exitosa de la CPI, facilitando el crecimiento del cliente. Cuando la dinámica de transferencia entra en juego, la alianza terapéutica puede verse tanto cuestionada como enriquecida. Los clientes pueden proyectar emociones, actitudes o expectativas no resueltas en el terapeuta, alterando así la dinámica de la relación terapéutica. Es crucial que los terapeutas trabajen estas proyecciones con empatía, comprensión y compromiso para mantener la CPI.

Al reconocer y abordar la transferencia, los terapeutas pueden crear un espacio seguro para que los clientes exploren y procesen emociones y conflictos profundos en el contexto de la relación terapéutica. Este proceso permite la reexperimentación y la eventual resolución de problemas no resueltos, lo que conduce a la comprensión personal, una mayor autoconciencia y un crecimiento emocional. Por el contrario, una transferencia no reconocida o mal gestionada puede obstaculizar el progreso y el desarrollo de una auténtica alianza terapéutica.

5. Comentarios de los clientes:

Las percepciones de los clientes sobre sus experiencias con la CPI pueden ofrecer información valiosa sobre el impacto de esta condición fundamental en su crecimiento psicológico y bienestar. Al obtener y analizar la retroalimentación de los clientes, los terapeutas pueden comprender mejor cómo la CPI contribuye al proceso de cambio y su influencia en la satisfacción del cliente. La retroalimentación de los clientes sirve para evaluar la eficacia de la CPI como facilitadora del crecimiento y la transformación dentro del contexto terapéutico. Cuando los clientes brindan retroalimentación sobre sus experiencias al recibir CPI durante las sesiones de terapia, se permite una evaluación integral de cómo este enfoque fomenta cambios positivos en sus vidas. Esta retroalimentación no solo proporciona orientación y validación a los terapeutas con respecto a la aplicación de la CPI, sino que también informa el desarrollo y el perfeccionamiento continuos de las prácticas terapéuticas. Además, la retroalimentación de los clientes fomenta una cultura de colaboración, confianza y comunicación abierta dentro de la relación terapéutica, reforzando los principios de empatía, autenticidad y consideración positiva incondicional. Las percepciones de cambio y satisfacción de los clientes son fundamentales para evaluar el impacto de la CPI, ya que ofrecen testimonios directos de los efectos transformadores de experimentar una aceptación sin prejuicios y una comprensión empática. En esencia, la retroalimentación de los clientes impulsa a los terapeutas a reflexionar continuamente sobre la calidad de su prestación de la CPI y sus implicaciones para el progreso del cliente. Destaca la profunda influencia de la CPI en el fomento de un entorno propicio para explorar emociones, pensamientos y comportamientos, lo que en última instancia conduce a una mayor autoconciencia y crecimiento personal. A través de la retroalimentación de los clientes, los terapeutas pueden gestionar posibles desafíos y obstáculos para mantener una muestra constante y genuina de consideración positiva incondicional.

6. Desafíos para mantener una consideración positiva incondicional:

Mantener una consideración positiva incondicional en la relación terapéutica es un reto fundamental para los profesionales, ya que requiere un compromiso constante con una actitud empática y sin prejuicios hacia los pacientes. Uno de los principales desafíos para mantener la CPI reside en la predisposición humana inherente a emitir juicios y evaluaciones basados en sesgos personales y condicionamientos sociales. Los terapeutas deben ser plenamente conscientes de sus propios sistemas de valores, creencias y prejuicios, que pueden obstaculizar su capacidad para adoptar genuinamente la consideración positiva incondicional. Además, la evolución de las normas culturales y los cambios de paradigmas sociales pueden complicar aún más el mantenimiento de la CPI, ya que los terapeutas deben estar atentos para reconocer y mitigar la influencia de factores externos en sus actitudes y comportamientos.

Otro desafío crítico surge del trabajo emocional necesario para mantener una auténtica CPI, especialmente ante la intensa resistencia, el incumplimiento o la conducta confrontativa del cliente. A lo largo del proceso terapéutico, los profesionales pueden encontrarse con clientes cuyas acciones o expresiones desencadenan respuestas emocionales que entran en conflicto con los principios de la CPI. Gestionar estos conflictos internos y regular la propia respuesta emocional exige una gran autoconciencia y resiliencia emocional. Además, mantener una CPI en medio de situaciones desafiantes recurrentes requiere autorreflexión e introspección constantes para evitar que los sesgos personales o la contratransferencia debiliten la dinámica cliente-terapeuta.

La complejidad de las presentaciones individuales de los clientes presenta desafíos multifacéticos para mantener la CPI. Los clientes que lidian con patrones desadaptativos profundamente arraigados, traumas complejos o psicopatología grave pueden poner a prueba la capacidad del terapeuta para mantener una CPI inquebrantable. La agitación interna y la inseguridad generalizada que experimentan estos clientes pueden provocar reacciones adversas o transferencia en el entorno terapéutico, lo que requiere que los terapeutas gestionen dinámicas interpersonales delicadas mientras mantienen la CPI. Este equilibrio entre la sintonía empática y los límites profesionales exige vigilancia y adaptabilidad constantes.

Las presiones externas, como las limitaciones de tiempo, las responsabilidades administrativas y las expectativas organizacionales, pueden obstaculizar la implementación constante de la CPI. La exigencia de la práctica clínica y el sistema de salud mental en general pueden, inadvertidamente, mermar la capacidad del terapeuta para dedicar atención focalizada y presencia psicológica a cada interacción con el cliente. Lograr un equilibrio armonioso entre las tareas administrativas y la provisión constante de la CPI plantea un desafío formidable para los profesionales clínicos que operan en el panorama actual de la salud.

7. CPI versus Consideración condicional:

La Consideración Positiva Incondicional y la Consideración Condicional representan dos enfoques distintos para la interacción humana y las relaciones interpersonales, especialmente en el contexto de la terapia y la consejería. En esencia, la Consideración Positiva Incondicional enfatiza la aceptación y el respeto inquebrantables por las personas, independientemente de sus pensamientos, sentimientos o comportamientos. Por el contrario, la Consideración Condicional se basa en la premisa de que la aprobación y la validación dependen de ciertos criterios o comportamientos. El contraste entre estas dos actitudes impacta significativamente la dinámica de las relaciones terapéuticas y el potencial de crecimiento personal.

Bajo el programa CPI, las personas experimentan un entorno propicio para la autenticidad y la autoexploración, sin temor al juicio ni al rechazo. Esto fomenta una sensación de seguridad y confianza, permitiendo a los clientes comunicarse abiertamente y participar en procesos introspectivos sin la carga de cumplir con expectativas preconcebidas. Al aceptar sus experiencias genuinas, los clientes pueden embarcarse en un viaje de autodescubrimiento y aceptación, que conduce a un profundo desarrollo personal y bienestar holístico.

Por el contrario, la Consideración Condicional introduce un elemento de juicio y evaluación, que a menudo se manifiesta como elogio o apoyo condicionado al cumplimiento de las expectativas del terapeuta o a la conformidad con las normas sociales. Esto puede generar sentimientos de incompetencia, ansiedad y dudas en los clientes, lo que dificulta su capacidad de expresarse auténticamente y explorar su mundo interior. Las condiciones impuestas por este enfoque pueden conducir a un autoconcepto fragmentado e inhibir el crecimiento personal, lo que en última instancia dificulta el proceso terapéutico.

En el ámbito clínico, los terapeutas que emplean la CPI se esfuerzan por crear un espacio empático y sin prejuicios, cimentando la alianza terapéutica en la aceptación incondicional. Por el contrario, quienes se adhieren a la Consideración Condicional corren el riesgo de perpetuar las diferencias de poder y reforzar los constructos sociales, lo que podría socavar la autonomía y la autorrealización del paciente.

La investigación empírica ha subrayado consistentemente la superioridad de la CPI sobre la Consideración Condicional para promover cambios significativos y resultados terapéuticos a largo plazo. Diversos estudios han resaltado la correlación positiva entre el progreso del cliente, su satisfacción y la presencia de la CPI en las interacciones terapéuticas. Por el contrario, las formas condicionales de validación se han asociado con mejoras limitadas e insatisfacción del cliente, lo que pone de relieve el impacto negativo de las evaluaciones juiciosas en la psique humana.

LA RELACIÓN TERAPÉUTICA

Principios básicos de la terapia centrada en el cliente

1. Definición:

La terapia centrada en el cliente, también conocida como terapia centrada en la persona, sitúa al cliente en el centro del proceso terapéutico, reconociéndolo como experto en su propia experiencia. A diferencia de los enfoques psicoanalíticos y conductuales tradicionales, la terapia centrada en el cliente prioriza su realidad subjetiva y su perspectiva personal única. Esta filosofía centrada en la persona contrasta marcadamente con la naturaleza experta de muchas otras modalidades terapéuticas.

Un aspecto distintivo de la terapia centrada en el cliente es el rechazo a la jerarquía tradicional terapeuta-paciente. En este enfoque no directivo, el terapeuta asume un rol de facilitador en lugar de una figura de autoridad, empoderando al cliente para que guíe la dirección de su terapia. Este enfoque fomenta un sentido de igualdad y colaboración dentro de la relación terapéutica, enfatizando la autonomía y la autodeterminación del cliente.

La terapia centrada en el cliente se sustenta en una creencia inquebrantable en su capacidad inherente de crecimiento y autorrealización. En este marco, el terapeuta proporciona un entorno de apoyo y empatía que permite a los clientes explorar sus emociones, pensamientos y experiencias sin juicios ni interferencias. Este enfoque en la experiencia subjetiva y la sabiduría interior del cliente distingue a la terapia centrada en el cliente de enfoques terapéuticos más prescriptivos e interpretativos.

Otro elemento significativo de la terapia centrada en el cliente es el énfasis en la congruencia psicológica, la empatía y la consideración positiva incondicional dentro de la relación terapéutica. Estas tres condiciones fundamentales, según Rogers, constituyen la base de una práctica psicoterapéutica eficaz. La congruencia se refiere a la presencia genuina y transparente del terapeuta, que fomenta un ambiente de autenticidad y confianza. La empatía implica la capacidad del terapeuta para comprender profundamente y comunicar con precisión las experiencias internas del cliente, promoviendo la validación y el apoyo emocional. La consideración positiva incondicional encapsula la aceptación y el respeto absolutos del terapeuta por el cliente, independientemente de sus pensamientos, sentimientos o comportamientos, proporcionando un espacio sin prejuicios donde los clientes pueden explorar y expresarse libremente.

2. La centralidad de la perspectiva del cliente:

La Terapia Centrada en el Cliente da gran importancia a la perspectiva del cliente, entendiendo que su experiencia subjetiva es clave para fomentar el crecimiento terapéutico y el bienestar. Este enfoque reconoce que cada individuo tiene un mundo interior único, moldeado por su historia personal, valores y emociones. Al centrar el proceso terapéutico en la cosmovisión del cliente, el terapeuta busca crear un espacio seguro y de apoyo para que este explore, exprese y dé sentido a sus experiencias.

La perspectiva del cliente sirve como guía durante el proceso terapéutico. A través de sus narrativas, sentimientos y significados, el terapeuta comprende su interior. Los matices de su lenguaje, sus señales no verbales y sus expresiones emocionales ofrecen valiosas pistas que orientan el proceso terapéutico. A medida que el terapeuta escucha atentamente y se conecta con la perspectiva del cliente, surge una comprensión más profunda de sus necesidades, desafíos y fortalezas únicas, sentando las bases para un trabajo terapéutico significativo.

Aceptar la perspectiva del cliente implica un proceso continuo de validación y afirmación. Al reconocer la validez de las emociones, pensamientos y experiencias del cliente, el terapeuta transmite respeto y empatía, fomentando un sentido de confianza y seguridad dentro de la relación terapéutica. Esta validación no solo proporciona al cliente una profunda sensación de comprensión, sino que también le permite profundizar en su mundo interior, sabiendo que sus perspectivas son respetadas y valoradas en el espacio terapéutico.

En esencia, la centralidad de la perspectiva del cliente subraya la creencia de que este es el máximo experto en su propia vida. Al honrar y conectar con la perspectiva del cliente, el terapeuta cocrea un recorrido terapéutico personalizado, promoviendo el autodescubrimiento, la introspección y un cambio significativo. La perspectiva del cliente se convierte en algo más que un punto focal; se convierte en el motor del camino transformador hacia la sanación y el crecimiento.

3. La tríada terapéutica:

La terapia centrada en el cliente pone un énfasis especial en los componentes esenciales de empatía, congruencia y consideración positiva incondicional, conocidos colectivamente como la tríada terapéutica. Esta tríada constituye la piedra angular de la relación terapéutica, creando un entorno propicio para el crecimiento personal y el autodescubrimiento.

La empatía, la capacidad de comprender y compartir los sentimientos del otro, es un aspecto fundamental de la terapia centrada en el cliente. El terapeuta se esfuerza por comprender profundamente las experiencias del cliente desde su perspectiva, validando sus emociones y su punto de vista. Al expresar empatía, el terapeuta demuestra una comprensión y validación genuinas del mundo interior del cliente, fomentando la confianza y la compenetración. Esta sintonía empática anima al cliente a explorar sus sentimientos y experiencias con mayor apertura y honestidad, lo que conduce a un nivel más profundo de autoconciencia y procesamiento emocional.

La congruencia, o autenticidad, implica que el terapeuta sea auténtico y transparente en sus interacciones con el cliente. Esta autenticidad se manifiesta mediante la autoexpresión honesta, donde el terapeuta comunica abiertamente sus pensamientos, sentimientos y reacciones dentro de la relación terapéutica. Al encarnar la congruencia, el terapeuta establece una presencia constante y sincera, lo que permite al cliente entablar una relación basada en la confianza y la transparencia. Mediante interacciones congruentes, el terapeuta modela la autoconciencia y la vulnerabilidad, animando al cliente a aceptar su propia autenticidad y crecimiento personal.

La consideración positiva incondicional refleja una aceptación y un aprecio inquebrantables por el cliente, independientemente de sus acciones, pensamientos o emociones. El terapeuta mantiene una postura de apoyo y no juzga, transmitiendo respeto, calidez y empatía hacia el cliente en todo momento. Esta aceptación incondicional crea un ambiente seguro y reconfortante, que le permite explorar sus experiencias internas sin temor a la crítica ni al rechazo. Como resultado, los clientes pueden desarrollar un autoconcepto más positivo y una mayor autoestima, sentando las bases para un cambio personal transformador.

La combinación de empatía, congruencia y consideración positiva incondicional crea un marco dinámico que promueve una alianza terapéutica colaborativa y empoderadora. Integrados cuidadosamente, estos elementos facilitan una profunda exploración emocional, fomentan la autoaceptación y fomentan el crecimiento personal. Además, allanan el camino para una comprensión profunda, conexiones significativas y una transformación sostenible dentro del contexto terapéutico centrado en el paciente.

4. Entorno terapéutico de apoyo:

Crear un entorno terapéutico de apoyo es esencial en la terapia centrada en el cliente, ya que sienta las bases para un progreso y crecimiento significativos. El terapeuta desempeña un papel fundamental en el fomento de este entorno, mostrando empatía, congruencia y consideración positiva incondicional, que en conjunto conforman la tríada terapéutica de la terapia centrada en el cliente. Además, el espacio físico donde se realiza la terapia debe estar cuidadosamente diseñado para evocar una sensación de seguridad, comodidad y privacidad para el cliente. Esto puede incluir elementos como asientos cómodos, iluminación suave y un ambiente tranquilo.

Más allá del entorno físico, el ambiente emocional dentro del espacio terapéutico es igualmente importante. El terapeuta debe cultivar un ambiente de aceptación, apertura y no juzgar, que permita a los clientes sentirse seguros al expresar sus pensamientos, emociones y experiencias sin temor a la crítica ni al rechazo. Este ambiente de apoyo empodera a los clientes para explorar su mundo interior con libertad, facilitando la autoexploración y la introspección personal. También anima a los clientes a confiar en el proceso terapéutico, sabiendo que se encuentran en un espacio donde su bienestar es primordial.

El establecimiento de límites claros y la confidencialidad fortalecen la sensación de seguridad en el entorno terapéutico. Los clientes necesitan la seguridad de que sus revelaciones personales se mantendrán confidenciales y de que la relación terapéutica se rige por estándares éticos. Esta seguridad permite a los clientes interactuar de forma más auténtica, sabiendo que se respeta su privacidad y dignidad. Mediante la creación de límites claros, los clientes pueden desarrollar una sensación de previsibilidad y seguridad en el entorno terapéutico, lo cual favorece la autoexploración y la vulnerabilidad emocional.

Además, la escucha comprensiva y empática del terapeuta contribuye significativamente al ambiente general. La escucha activa, combinada con respuestas reflexivas, transmite la plena presencia del terapeuta y su compromiso con la experiencia del cliente. Esto fomenta un entorno donde los clientes se sienten verdaderamente escuchados y comprendidos, validando sus emociones y experiencias. Además, la ausencia de lenguaje o tono crítico refuerza la idea de que el espacio terapéutico es un refugio para la expresión auténtica y el crecimiento personal.

5. Resistencia y ambivalencia:

Los clientes pueden enfrentar conflictos o desafíos internos a medida que recorren el camino hacia el autodescubrimiento y el crecimiento personal. Es crucial que el terapeuta aborde estas situaciones con empatía, comprensión y una actitud libre de prejuicios. Al reconocer la resistencia como un posible indicador de miedos subyacentes, emociones conflictivas o problemas sin resolver, el terapeuta debe crear un espacio seguro donde los clientes se sientan empoderados para expresar sus inquietudes sin temor a ser juzgados o desestimados.

Facilitar el diálogo abierto y la escucha activa puede ayudar a descubrir las razones de la resistencia del cliente, proporcionando una perspectiva invaluable sobre sus procesos de pensamiento y barreras emocionales. Al reconocer y explorar la resistencia en lugar de confrontarla o invalidarla, los terapeutas pueden fomentar un entorno propicio para que el cliente explore y, finalmente, resuelva sus conflictos internos. Este método se alinea con los principios fundamentales de la terapia centrada en el cliente, basando las interacciones del terapeuta en la empatía, la comprensión genuina y la consideración positiva incondicional.

Al abordar la ambivalencia, es fundamental que el terapeuta guíe a los clientes a través de un proceso de autorreflexión e introspección. Animar a los clientes a examinar las causas de sus sentimientos conflictivos y ayudarles a articular sus luchas internas puede ser fundamental en la experiencia terapéutica. Esto implica ayudar a los clientes a reconocer y reconciliar emociones, pensamientos y deseos conflictivos, fomentar la autoconciencia y promover la apropiación de sus experiencias. Al apoyar a los clientes en la superación de su ambivalencia, el terapeuta puede empoderarlos para afrontar y abordar su conflicto interno, allanando el camino hacia la transformación y el crecimiento personal.

6. El papel de la autorreflexión en el progreso del cliente:

Animar a los clientes a participar en la autorreflexión les permite cultivar una mayor autoconciencia, examinar sus pensamientos y emociones, y explorar sus experiencias personales en un espacio seguro y sin prejuicios. Esta práctica introspectiva permite a los clientes comprender mejor su funcionamiento interno, lo que les permite una mayor claridad, comprensión y crecimiento personal.

En el contexto de la terapia centrada en el cliente, la autorreflexión sirve como catalizador para el autodescubrimiento y la transformación. Mediante ejercicios introspectivos, se anima a los clientes a profundizar en sus sentimientos, creencias y comportamientos, logrando así una comprensión más clara de sí mismos y de sus experiencias únicas. A través de este proceso, las personas pueden desarrollar una mayor autocomprensión y regulación emocional, atributos fundamentales para alcanzar los objetivos terapéuticos.

La autorreflexión permite a los clientes conectar con sus motivaciones y valores intrínsecos, fomentando un sentido más profundo de autenticidad y coherencia personal. A medida que las personas profundizan en sus pensamientos y sentimientos más íntimos, se encuentran mejor preparadas para alinear sus acciones con sus creencias, deseos y aspiraciones fundamentales. Esta alineación allana el camino hacia una mayor autoaceptación y empoderamiento, sentando una base sólida para el desarrollo personal continuo.

Incorporar la autorreflexión en el proceso terapéutico también promueve la resiliencia y la adaptabilidad. Al participar en prácticas contemplativas, los clientes desarrollan la capacidad de superar desafíos, contratiempos y adversidades con mayor claridad y capacidad de adaptación. Aprenden a identificar patrones limitantes, replantear perspectivas y adoptar estrategias de afrontamiento más saludables, fomentando así una mentalidad más resiliente y un mayor bienestar emocional.

La autorreflexión cultiva una conexión más profunda entre el cliente y el terapeuta, fortaleciendo la alianza terapéutica. A medida que los clientes exploran su interior y comparten sus reflexiones con el terapeuta, se fomenta un sentido de comprensión y confianza mutuas. Este proceso colaborativo fortalece la relación terapéutica y facilita la comunicación abierta, creando un marco de apoyo para el camino del cliente hacia la sanación y el cambio positivo.

7. Establecimiento eficaz de objetivos dentro de la terapia:

En la terapia centrada en el cliente, el proceso de establecer objetivos es crucial para facilitar un progreso terapéutico significativo. Un establecimiento de objetivos eficaz implica un enfoque colaborativo en el que el terapeuta y el cliente trabajan juntos para establecer objetivos específicos, medibles, alcanzables, relevantes y con plazos definidos (SMART). Estos objetivos se adaptan a las necesidades, deseos y fortalezas individuales del cliente, con el objetivo de empoderarlo para que se apropie de su proceso terapéutico. El primer paso en este proceso es realizar una evaluación integral de la situación actual del cliente, incluyendo sus problemas actuales, su historia personal y sus aspiraciones. Mediante la comprensión empática y la escucha activa, el terapeuta obtiene información valiosa sobre la perspectiva del cliente, lo que informa el proceso de establecimiento de objetivos. Una vez identificadas las prioridades y los resultados deseados del cliente, el terapeuta ayuda a articular estas aspiraciones en objetivos concretos y realistas que se alineen con sus valores y capacidades. El establecimiento colaborativo de estos objetivos establece una comprensión y un compromiso compartidos, fomentando un sentido de autonomía y autonomía en el cliente. A lo largo del proceso terapéutico, la revisión y el ajuste periódicos de estos objetivos son esenciales para adaptarlos a las necesidades y el progreso del cliente. Este proceso iterativo permite flexibilidad y adaptabilidad, manteniendo un enfoque claro en el crecimiento y el bienestar del cliente. Es fundamental que los terapeutas evalúen continuamente la viabilidad y la relevancia de los objetivos establecidos, garantizando que sigan siendo significativos y motivadores para el cliente. Además, las consideraciones éticas desempeñan un papel fundamental en el establecimiento de objetivos, enfatizando la importancia de alinear los objetivos terapéuticos con los intereses del cliente y respetar su autonomía. Por lo tanto, los terapeutas deben gestionar los posibles conflictos entre su experiencia profesional y la autonomía del cliente, integrando sus aportaciones y preferencias en el proceso de establecimiento de objetivos.

El papel de la escucha activa y la comunicación abierta

1. Introducción a la escucha activa en la práctica terapéutica:

La escucha activa es un componente fundamental de una práctica terapéutica eficaz, y desempeña un papel fundamental para fomentar una relación sólida y de confianza entre el cliente y el terapeuta. En el contexto de la terapia centrada en el cliente, la escucha activa va más allá de simplemente escuchar sus palabras; implica un profundo compromiso con la comprensión de sus emociones, experiencias y perspectivas sin juzgar ni interrumpir. Al interactuar activamente con las señales verbales y no verbales del cliente, el terapeuta demuestra empatía y respeto genuinos, fomentando un entorno donde el cliente se siente verdaderamente escuchado y valorado. El proceso de escucha activa implica no solo prestar atención al contenido de la comunicación del cliente, sino también sintonizar con las emociones subyacentes y los mensajes tácitos. Este enfoque holístico permite al terapeuta obtener información valiosa sobre el mundo interior del cliente, facilitando así una respuesta más matizada y empática. Además, la escucha activa sirve como catalizador para la autoexploración y la reflexión, empoderando a los clientes para profundizar en sus pensamientos y sentimientos con mayor claridad y comprensión.

2. Los beneficios psicológicos de la participación activa:

Al escuchar activa y empáticamente los pensamientos, sentimientos y experiencias del cliente, el terapeuta demuestra un interés genuino en comprender su perspectiva única, cultivando así un ambiente de confianza y seguridad. En consecuencia, esta participación activa sienta las bases para obtener importantes beneficios psicológicos. En primer lugar, la participación activa valida las experiencias y emociones del cliente, infundiéndole una sensación de ser escuchado y comprendido. Esta validación contribuye inherentemente a la mejora de la autoestima y la autoeficacia, ya que la persona se siente reconocida y respetada en el espacio terapéutico. En segundo lugar, a través de la escucha activa, los terapeutas pueden ayudar a las personas a desarrollar una mayor autoconciencia, facilitando su capacidad para identificar y procesar emociones y pensamientos complejos. Este empoderamiento fomenta una comprensión más profunda del propio mundo interior, lo que en última instancia conduce a una mejor regulación emocional y estrategias de afrontamiento. Además, el acto de verbalizar las propias emociones y experiencias a un oyente receptivo puede ser profundamente catártico, permitiendo la liberación de emociones reprimidas y una reducción del malestar psicológico. Además, la participación activa promueve el desarrollo de relaciones de confianza y seguridad, lo cual es esencial para quienes hayan experimentado traumas relacionales o dificultades de apego. A medida que los clientes experimentan el apoyo constante y la presencia imparcial de su terapeuta, pueden comenzar a reestructurar su comprensión de las relaciones interpersonales, lo que conduce a dinámicas más saludables fuera del entorno terapéutico. Finalmente, mediante la participación activa, los terapeutas pueden guiar a los clientes en el reconocimiento y la reestructuración de patrones de pensamiento desadaptativos, fomentando la reestructuración cognitiva y la reformulación de creencias negativas. Este proceso puede conducir a comportamientos más adaptativos y a un mejor bienestar psicológico general.

3. Técnicas para mejorar la escucha activa:

Existen varias técnicas que los terapeutas pueden emplear para mejorar sus habilidades de escucha activa y profundizar la conexión con sus pacientes. Una de ellas es la paráfrasis, que consiste en repetir las palabras del paciente en su propio idioma para demostrar comprensión y fomentar una mayor exploración. Esto no solo valida la experiencia del paciente, sino que también ayuda a aclarar cualquier malentendido. Las respuestas reflexivas son otra técnica valiosa, en la que el terapeuta refleja las emociones del paciente, permitiéndole sentirse escuchado y validado. Al expresar empatía y comprensión, el terapeuta puede crear un espacio seguro para que el paciente profundice en sus emociones y experiencias sin temor a ser juzgado. Además, el uso de preguntas abiertas anima a los pacientes a compartir más sobre sus pensamientos y sentimientos, lo que ayuda a los terapeutas a obtener una comprensión más profunda y facilita la autoexploración del paciente. El silencio es una herramienta poderosa en la escucha activa, ya que proporciona al paciente espacio para reflexionar y procesar sus pensamientos sin sentirse presionado a seguir hablando. Los terapeutas también pueden emplear estímulos mínimos, como asentir con la cabeza o breves afirmaciones verbales, para demostrar su compromiso y apoyo, evitando interrumpir la comunicación fluida del cliente. Además, resumir permite a los terapeutas repasar y reiterar los puntos clave planteados por el cliente, demostrando atención y reforzando aspectos importantes de la conversación. Por último, las señales no verbales, como mantener el contacto visual y adoptar una postura corporal abierta, desempeñan un papel crucial para transmitir atención y empatía durante las sesiones.

4. Barreras para una comunicación eficaz y cómo superarlas:

La comunicación eficaz es esencial en la relación terapéutica, pero diversas barreras pueden obstaculizar este proceso. Estas barreras pueden incluir distracciones físicas, barreras emocionales, diferencias culturales y estilos de comunicación individuales. Las distracciones físicas, como el ruido o los factores ambientales, pueden interferir en la interacción entre el cliente y el terapeuta, dificultando mantener la concentración. Las barreras emocionales, por otro lado, pueden provenir de problemas no resueltos o traumas que dificultan la expresión auténtica y la receptividad. Las diferencias culturales desempeñan un papel importante en la comunicación, ya que las distintas normas y valores pueden influir en la forma en que las personas interpretan y transmiten los mensajes. Además, los estilos de comunicación individuales, incluidos los niveles de asertividad y los modos de expresión preferidos, pueden dificultar la comprensión y la comprensión. Superar estas barreras requiere un enfoque multifacético que priorice la conciencia, la empatía y la adaptabilidad. Los terapeutas pueden abordar las distracciones físicas creando un entorno propicio que minimice las interrupciones y promueva la comodidad y la interacción. Las barreras emocionales se pueden superar mediante la escucha empática, la validación de las emociones y un estímulo amable para explorar los sentimientos subyacentes. La sensibilidad cultural implica reconocer y respetar las diversas perspectivas, buscar activamente la competencia cultural y adaptar las estrategias de comunicación en consecuencia. Por último, comprender y adaptarse a los estilos de comunicación individuales requiere flexibilidad, adaptabilidad y disposición para adaptar los enfoques a las preferencias de los clientes. Además, el diálogo abierto sobre las barreras de comunicación y la resolución proactiva de problemas pueden fomentar la confianza y la transparencia, fortaleciendo la alianza terapéutica.

5. El papel de las señales no verbales en las sesiones de terapia:

Al interactuar con sus clientes, los terapeutas deben estar atentos a los movimientos sutiles, los gestos, las expresiones faciales y el lenguaje corporal, que pueden brindar información valiosa sobre sus emociones, pensamientos y experiencias internas. Las señales no verbales pueden comunicar matices de significado que podrían no expresarse explícitamente con palabras, lo que ofrece un nivel adicional de comprensión dentro de la relación terapéutica.

Cuando los clientes comparten sus experiencias durante la terapia, las señales no verbales pueden ayudar a los terapeutas a evaluar la autenticidad y la resonancia emocional de sus narrativas. Por ejemplo, la postura, el contacto visual o la inquietud del cliente pueden revelar sentimientos subyacentes de incomodidad, angustia o resistencia, incluso cuando sus palabras transmiten un mensaje diferente. Al reconocer e interpretar estas señales no verbales, los terapeutas pueden responder con empatía y sintonía, fomentando una mayor conexión y validación de la experiencia del cliente.

Las señales no verbales también pueden revelar procesos inconscientes y conflictos no expresados que podrían estar influyendo en el comportamiento y el bienestar emocional del cliente. Cambios sutiles en el lenguaje corporal, como apretar la mandíbula, cruzar los brazos o dar golpecitos con la mano sin parar, podrían indicar tensión interna, problemas sin resolver o barreras emocionales. Al reconocer y explorar con sensibilidad estas manifestaciones no verbales, los terapeutas pueden ayudar a los clientes a revelar dinámicas subconscientes, promoviendo la autoconciencia y facilitando la exploración de preocupaciones subyacentes.

Además de decodificar las señales no verbales del cliente, los terapeutas también deben considerar cómo sus propios comportamientos no verbales impactan la dinámica terapéutica. La conciencia del propio lenguaje corporal, tono de voz y expresiones faciales es esencial para cultivar un ambiente de seguridad, confianza y apertura. Al prestar atención a su presencia no verbal, los terapeutas pueden transmitir empatía, receptividad y compromiso genuino, estableciendo así un espacio propicio para el diálogo auténtico y la expresión emocional.

6. Confianza a través del diálogo abierto:

Un enfoque colaborativo de comunicación, basado en la transparencia y la autenticidad, fomenta un entorno donde los clientes se sienten empoderados para expresar sus pensamientos, emociones y experiencias sin reservas. Este diálogo abierto permite a los clientes desarrollar un sentido de autonomía y decisión en su proceso terapéutico, contribuyendo así a un proceso de consejería más efectivo y transformador. Al entablar un diálogo abierto, los terapeutas pueden demostrar activamente una genuina disposición a escuchar y comprender, estableciendo una sólida base de respeto y validación mutuos. Además, una cultura de diálogo abierto anima a los clientes a expresar sus inquietudes, dudas o incertidumbres, lo que genera una mayor sensación de seguridad y compenetración en el espacio terapéutico. Asimismo, al abordar abiertamente cualquier posible malentendido o conflicto que pueda surgir a lo largo del proceso terapéutico, los terapeutas pueden demostrar su compromiso de abordar y resolver los problemas de forma proactiva y empática. El diálogo abierto también crea oportunidades para que los clientes participen en la toma de decisiones compartida, reforzando su participación activa en el proceso terapéutico y facilitando un sentido de propiedad sobre los resultados de su experiencia de consejería. Además, mediante el diálogo abierto, los terapeutas pueden comunicar eficazmente los objetivos, las estrategias y la justificación de las intervenciones terapéuticas, mejorando la comprensión y la cooperación del paciente. Este enfoque transparente promueve el consentimiento informado y la colaboración, alineándose con los principios éticos y promoviendo la confianza. Es importante destacar que el diálogo abierto va más allá de la expresión verbal y abarca el estímulo deliberado del paciente para que comparta abiertamente sus pensamientos, sentimientos y experiencias.

7. Consideraciones éticas en la comunicación con el cliente:

El cumplimiento de los estándares éticos no solo fomenta la confianza entre el terapeuta y el cliente, sino que también garantiza el bienestar y la integridad del proceso terapéutico. La Asociación Americana de Psicología (APA) y diversas organizaciones profesionales de consejería han establecido códigos de ética para guiar a los profesionales en sus interacciones con los clientes. Estas directrices describen los límites, las responsabilidades y los principios éticos que rigen la comunicación con el cliente en el entorno terapéutico.

Al comunicarse con sus clientes, los terapeutas deben respetar los principios de confidencialidad y privacidad. Los clientes confían a los terapeutas información sensible y personal, y es responsabilidad del terapeuta salvaguardar esta comunicación privilegiada. Mantener la confidencialidad sienta las bases de la confianza, permitiendo a los clientes expresarse abierta y honestamente sin temor a ser violados o divulgados. Los terapeutas también deben explicarles claramente las limitaciones de la confidencialidad, como en los casos en que la notificación obligatoria es necesaria para la seguridad del cliente o de terceros.

Otra consideración ética crucial en la comunicación con el cliente gira en torno al consentimiento informado. Antes de iniciar la terapia, los terapeutas deben asegurarse de que los clientes estén plenamente informados sobre la naturaleza del proceso terapéutico, los objetivos del tratamiento, los posibles riesgos y beneficios, así como los derechos y responsabilidades de ambas partes. El consentimiento informado permite a los clientes tomar decisiones autónomas sobre su participación en la terapia, promoviendo el respeto mutuo y la colaboración entre ambos. Además, los terapeutas deben buscar constantemente el consentimiento informado durante todo el proceso terapéutico, especialmente al introducir nuevas intervenciones o enfoques.

Mantener límites profesionales en la comunicación con el cliente es fundamental para la práctica ética de la terapia. Los terapeutas deben encontrar el equilibrio entre empatía y objetividad, empatía y simpatía, y compasión y sobreidentificación. Establecer y mantener límites claros previene relaciones duales y garantiza que el enfoque se centre en las necesidades y el bienestar del cliente. Requiere abstenerse de explotar al cliente para obtener beneficios personales, emocionales, económicos o sociales, preservando así la integridad y la profesionalidad de la relación terapéutica.

La competencia y la sensibilidad cultural son consideraciones éticas esenciales en la comunicación con el cliente. Los terapeutas deben reconocer y respetar la diversidad de orígenes culturales, valores y sistemas de creencias de sus clientes. Al emplear estrategias de comunicación culturalmente sensibles, los terapeutas pueden crear un entorno inclusivo y de apoyo que valide y respete la individualidad del cliente. La comunicación culturalmente competente fortalece la alianza terapéutica y promueve resultados positivos al reconocer la influencia de la cultura en la cosmovisión, las experiencias y el proceso de sanación del cliente.

Críticas a la terapia centrada en el cliente

1. Limitaciones en poblaciones diversas:

La terapia centrada en el cliente se enfrenta a diversas limitaciones al aplicarse a poblaciones diversas. Uno de los principales desafíos reside en los matices y variaciones culturales entre los diferentes grupos étnicos, raciales y socioeconómicos. Lo que puede percibirse como empático y genuino en un contexto cultural puede no tener la misma repercusión en otro. Además, las raíces eurocéntricas tradicionales de la terapia centrada en el cliente pueden, inadvertidamente, descuidar las cosmovisiones y los sistemas de valores únicos de las personas de orígenes no occidentales.

Las barreras lingüísticas y los estilos de comunicación pueden obstaculizar la eficacia de la terapia centrada en el cliente en poblaciones diversas. El proceso terapéutico se basa en gran medida en la comunicación verbal y la autoexpresión, que pueden verse limitadas por las diferencias lingüísticas y las normas de comunicación predominantes en entornos multiculturales. Esto supone un obstáculo importante para establecer la relación y la comprensión necesarias, esenciales para obtener resultados terapéuticos productivos.

Además, las diferencias históricas de poder y la opresión sistémica que experimentan las comunidades marginadas pueden influir en su interacción con las intervenciones terapéuticas. La confianza y la disposición para participar en un enfoque centrado en el cliente pueden verse comprometidas debido a experiencias previas de discriminación o maltrato en entornos institucionales. Estos factores justifican un análisis crítico de cómo la terapia centrada en el cliente puede adaptarse para abordar las necesidades y los desafíos únicos que enfrentan las diversas poblaciones.

La interseccionalidad desempeña un papel crucial para comprender las limitaciones de la terapia centrada en el cliente en poblaciones diversas. Las personas con identidades interseccionales relacionadas con la raza, el género, la sexualidad y las capacidades pueden enfrentar obstáculos específicos que no pueden atribuirse únicamente a un aspecto específico de su identidad. La terapia centrada en el cliente debe reconocer y abordar estas intersecciones para brindar un tratamiento verdaderamente inclusivo y eficaz.

2. La cuestión de la eficacia y la evidencia:

La terapia centrada en el paciente está sujeta a un riguroso escrutinio en cuanto a su eficacia y la evidencia que respalda su aplicación. Un aspecto fundamental que se examina es la comparación de la terapia centrada en el paciente con otras modalidades establecidas. Mediante la evaluación crítica de estudios comparativos y metaanálisis, se puede realizar un análisis exhaustivo para determinar cómo se compara la terapia centrada en el paciente con metodologías alternativas para abordar diversos problemas de salud mental. Además, la evaluación de los beneficios terapéuticos a largo plazo y las tasas de recaída ofrece información sobre el impacto duradero de la terapia centrada en el paciente en el bienestar de las personas.

Otra consideración importante es la dimensión ética al evaluar la eficacia de la terapia centrada en el paciente. El debate abarca la necesidad del consentimiento informado, la obligación de priorizar los mejores intereses del paciente y el uso responsable de las intervenciones terapéuticas dentro del marco ético. Además, se abordan las implicaciones éticas de la práctica basada en la evidencia y la posible influencia de intereses comerciales para mantener una perspectiva equilibrada al evaluar la eficacia de la terapia centrada en el paciente.

La evidencia empírica debe contextualizarse en el contexto sociocultural más amplio para comprender la aplicabilidad de la terapia centrada en el cliente en poblaciones diversas. Factores como las disparidades socioeconómicas, los matices culturales y las barreras sistémicas requieren un análisis profundo para determinar si la terapia centrada en el cliente se ajusta a las necesidades y realidades de personas de diversos orígenes. Explorar estas consideraciones no solo enriquece nuestra comprensión de la eficacia de la terapia centrada en el cliente, sino que también enfatiza la necesidad de una adaptación continua y una receptividad cultural en la práctica terapéutica.

3. Sensibilidad cultural y adaptabilidad:

La sensibilidad cultural implica la capacidad de comprender y apreciar las diferencias existentes entre personas de diversos orígenes culturales. Los terapeutas deben esforzarse por ser conscientes de sus propios prejuicios y suposiciones culturales, manteniéndose abiertos y receptivos a aprender sobre el contexto cultural de cada cliente. Al demostrar un interés genuino y respeto por las diferencias culturales, los terapeutas pueden crear un entorno acogedor e inclusivo donde los clientes se sientan valorados y comprendidos.

La adaptabilidad es otro aspecto crucial para brindar terapia centrada en el cliente en contextos multiculturales. Requiere que los terapeutas sean flexibles y receptivos al adaptar su enfoque a las preferencias culturales y estilos de comunicación de sus clientes. Esto puede implicar la integración de metáforas, símbolos o rituales culturalmente relevantes en el proceso terapéutico, así como la atención a las señales y matices no verbales que transmiten significado dentro de marcos culturales específicos.

Los terapeutas deben reconocer el impacto de factores sociales, como la opresión, la discriminación y las microagresiones, en el bienestar de las personas de grupos culturales marginados. Al incorporar una perspectiva de justicia social, los terapeutas pueden defender a sus clientes y trabajar para empoderarlos para que afronten los desafíos sistémicos, a la vez que fomentan la resiliencia y la autoafirmación.

Una sensibilidad y adaptabilidad cultural efectivas también requieren autorreflexión y formación continuas. Se anima a los terapeutas a participar en un aprendizaje continuo sobre diversas culturas, tradiciones y contextos históricos, buscando la opinión de colegas o consultores con experiencia en ámbitos culturales específicos cuando sea necesario. Al demostrar su compromiso de mantenerse informados y receptivos, los terapeutas pueden generar confianza con sus clientes y fortalecer las alianzas terapéuticas.

4. Estructura y flexibilidad:

El proceso terapéutico requiere un marco estructurado que garantice la seguridad y la previsibilidad del cliente, a la vez que fomenta un entorno que permita la expresión espontánea y la autonomía individual. Lograr este equilibrio implica la capacidad del terapeuta para brindar una estructura de apoyo sin imponer pautas rígidas que obstaculicen la autoexploración del cliente.

La estructura en terapia suele implicar establecer horarios regulares para las sesiones, establecer límites de confidencialidad y privacidad, y definir el formato general de las sesiones. Esta estructura puede ofrecer a los clientes una sensación de seguridad y estabilidad dentro de la relación terapéutica. Sin embargo, es crucial que los terapeutas se mantengan atentos a las necesidades y el ritmo únicos de cada cliente, permitiendo flexibilidad para adaptar la estructura a sus preferencias y niveles de comodidad individuales.

La flexibilidad, por otro lado, se refiere a la adaptabilidad del terapeuta para responder a las emociones, pensamientos y experiencias en constante evolución del cliente durante las sesiones. Implica la capacidad de desviarse de una agenda predeterminada y seguir la iniciativa del cliente, reconociendo sus necesidades e inquietudes emergentes. Los terapeutas que practican la terapia centrada en el cliente comprenden que el progreso genuino puede ocurrir a través de conversaciones imprevistas o momentos de comprensión, lo que requiere la disposición a cambiar de planes preconcebidos cuando sea necesario.

Las variaciones en las cosmovisiones, estilos de comunicación y valores individuales y colectivos exigen un enfoque flexible que respete e integre diversas perspectivas, a la vez que defiende los principios terapéuticos fundamentales. Por ejemplo, los terapeutas deben reconocer que las diferentes normas culturales pueden influir en las expectativas sobre puntualidad, transparencia o asertividad dentro del contexto terapéutico. Al mantener un enfoque estructurado pero adaptable, los terapeutas pueden respetar el contexto cultural único del cliente y gestionar las posibles variaciones en la comunicación y la dinámica relacional.

5. Límites profesionales y consideraciones éticas:

Mantener límites claros y apropiados es esencial para fomentar una relación terapéutica segura y de confianza. Establecer y mantener límites profesionales implica delinear los parámetros que definen la relación terapeuta-cliente. Estos límites abarcan los límites físicos, emocionales, personales y sociales, garantizando que el espacio terapéutico sea propicio para el crecimiento y la autoexploración del cliente. Las consideraciones éticas, a su vez, encapsulan los principios y directrices que guían a los terapeutas en la toma de decisiones morales y responsables dentro del contexto terapéutico. El cumplimiento de los estándares éticos no solo protege el bienestar de los clientes, sino que también refuerza la credibilidad y la profesionalidad del terapeuta.

En la terapia centrada en el cliente, mantener los límites profesionales requiere un delicado equilibrio entre empatía y objetividad. Los terapeutas deben demostrar una consideración positiva incondicional, a la vez que evitan involucrarse excesivamente o revelar información personal que pueda comprometer la alianza terapéutica. Gestionar las complejidades del establecimiento de límites exige una profunda autoconciencia, una autoevaluación continua y un estricto cumplimiento de los códigos éticos de conducta y los estándares profesionales.

Las consideraciones éticas en la terapia centrada en el cliente van más allá de la confidencialidad y la privacidad, abarcando la responsabilidad del terapeuta de mantener su competencia, evitar conflictos de intereses y respetar la autonomía del cliente. El marco ético guía a los terapeutas para abordar los posibles dilemas y complejidades que puedan surgir durante el proceso terapéutico, garantizando que el interés superior del cliente sea la prioridad.

Comprender las diferencias de poder inherentes a la relación terapeuta-cliente subraya la importancia de las consideraciones éticas. Los terapeutas tienen una influencia y autoridad considerables, y deben ejercer este poder con responsabilidad, priorizando siempre el bienestar y la autonomía del cliente. La conciencia de los posibles riesgos éticos y la autorreflexión continua sobre la conducta profesional son fundamentales para mantener la integridad y la eficacia de la terapia centrada en el cliente.

6. Comparación con otros enfoques terapéuticos:

Comenzando con la terapia cognitivo-conductual (TCC), observamos que mientras que la terapia centrada en el cliente se centra en la autoexploración y el crecimiento personal, la TCC pone mayor énfasis en la identificación y modificación de patrones de pensamiento y comportamientos disfuncionales. Ambos enfoques comparten el objetivo de promover un cambio positivo, pero difieren en sus estrategias e intervenciones. Al yuxtaponer estos marcos, los profesionales pueden obtener información sobre cómo integrar elementos de cada enfoque para una práctica terapéutica más matizada y holística.

Al pasar a la terapia psicodinámica, nos encontramos con un modelo profundamente arraigado en la exploración de conflictos inconscientes y experiencias tempranas de la vida. Esto contrasta marcadamente con la naturaleza centrada en el presente de la terapia centrada en el cliente, que prioriza las experiencias y emociones inmediatas del paciente. No obstante, reconocer el valor de profundizar en las influencias del pasado puede ayudar a los profesionales centrados en el cliente a comprender las capas de las narrativas de sus pacientes, enriquecer su sintonía empática y facilitar conexiones más profundas.

La terapia narrativa ofrece una perspectiva distintiva a través de la cual las historias de las personas y los procesos de construcción de significado son fundamentales para el trabajo terapéutico. Esto contrasta con la naturaleza no directiva de la terapia centrada en el cliente, donde éste toma la iniciativa al explorar sus preocupaciones sin la imposición de narrativas externas. Integrar aspectos de la terapia narrativa en la práctica centrada en el cliente puede empoderar a los clientes para construir nuevas narrativas empoderadoras, a la vez que se respetan sus experiencias subjetivas, lo que demuestra la posible complementariedad entre estos enfoques.

Además, los enfoques basados en la atención plena centran la atención en el momento presente y cultivan la consciencia sin juzgar. Si bien difiere intrínsecamente de la naturaleza dialógica de la terapia centrada en el paciente, la incorporación de prácticas de atención plena en la terapia puede mejorar la autoconciencia y la regulación emocional de los pacientes, en consonancia con los valores humanísticos de la autoexploración y el crecimiento personal.

7. Malas interpretaciones y malas aplicaciones:

Las interpretaciones y aplicaciones erróneas de los enfoques terapéuticos pueden conducir a resultados desfavorables, especialmente en el contexto de la terapia centrada en el cliente. Es crucial abordar estos casos con sumo cuidado y consideración para mantener la integridad y la eficacia del enfoque. Una interpretación errónea común es la simplificación excesiva de la terapia centrada en el cliente, considerándola simplemente un espacio de apoyo y no directivo para que los clientes se expresen. Si bien este es un aspecto esencial del enfoque, es igualmente importante reconocer la profunda comprensión empática, la consideración positiva incondicional y la congruencia del terapeuta que sustentan el método. No apreciar estos matices puede resultar en aplicaciones superficiales o ineficaces.

De igual manera, pueden producirse errores de aplicación cuando los terapeutas intentan integrar elementos de la terapia centrada en el cliente sin comprender plenamente sus principios subyacentes. Por ejemplo, algunos profesionales pueden adoptar una postura pasiva, creyendo que no ser directivos equivale a abstenerse de proporcionar cualquier tipo de orientación o intervención. Esta incomprensión puede obstaculizar el proceso terapéutico, ya que los clientes pueden requerir una facilitación o aclaración sutil en determinados momentos. Además, intentar aplicar técnicas centradas en el cliente sin la empatía y la preocupación genuina necesarias puede dar lugar a interacciones poco sinceras o mecánicas, desviándose de la esencia misma del enfoque.

Para abordar estas interpretaciones y aplicaciones erróneas, es esencial una formación rigurosa y un desarrollo profesional continuo. Los terapeutas deben recibir una formación integral sobre la terapia centrada en el paciente, profundizando en sus fundamentos teóricos, aplicaciones prácticas y consideraciones éticas. Además, la supervisión continua, las discusiones entre pares y la participación en talleres o seminarios pueden ofrecer oportunidades para perfeccionar habilidades y abordar los desafíos que surgen en la práctica. Enfatizar la importancia de la práctica reflexiva, donde los terapeutas evalúan críticamente sus intervenciones e interacciones, puede ayudar a mitigar el riesgo de interpretaciones y aplicaciones erróneas.

Otra estrategia fundamental es fomentar el diálogo abierto dentro y fuera de la comunidad terapéutica. Al participar en un diálogo constructivo, los profesionales pueden abordar colectivamente conceptos erróneos y dificultades comunes, a la vez que exploran formas innovadoras de mejorar la prestación de la terapia centrada en el paciente. Además, la colaboración activa con otros profesionales de campos afines, como la psicología, la consejería y el trabajo social, puede aportar valiosas perspectivas interdisciplinarias, enriqueciendo la práctica y previniendo errores de aplicación.

APLICACIONES EN LA PSICOLOGÍA CONTEMPORÁNEA

Enfoque centrado en la persona en entornos clínicos

Dentro del ámbito terapéutico, el enfoque centrado en la persona fomenta un entorno empático y no directivo donde se anima a los clientes a explorar libremente sus pensamientos, emociones y experiencias. Este enfoque garantiza que las personas se sientan escuchadas, comprendidas y respetadas, contribuyendo así al establecimiento de una sólida alianza terapéutica. Al enfatizar la creación de un espacio seguro y de apoyo, los terapeutas que emplean este enfoque facilitan un ambiente donde los clientes pueden superar sus desafíos y desarrollar una mayor comprensión de sí mismos. El enfoque centrado en la persona también ha sido fundamental para promover el autodescubrimiento y mejorar la autoconciencia de los clientes, empoderándolos así para participar activamente en su propio proceso de sanación. Además, el enfoque en la experiencia subjetiva y el marco de referencia interno del individuo permite una exploración más profunda de los problemas subyacentes y la facilitación de un cambio duradero. Asimismo, el enfoque centrado en la persona ha demostrado su eficacia para abordar una amplia gama de problemas clínicos, incluyendo trastornos del estado de ánimo, ansiedad, trauma y dificultades interpersonales. Al priorizar las necesidades y experiencias únicas de cada cliente, los terapeutas pueden adaptar las intervenciones y los planes de tratamiento a la medida de cada persona, teniendo en cuenta sus circunstancias y contexto específicos. Además, el enfoque centrado en la persona anima a los terapeutas a desarrollar cualidades de calidez, empatía y congruencia, que no solo contribuyen a crear un entorno terapéutico propicio para el crecimiento, sino que también son componentes fundamentales de una práctica clínica eficaz. En general, la aplicación del enfoque centrado en la persona en entornos clínicos ha enriquecido significativamente el panorama terapéutico al proporcionar un marco humanista y basado en valores que prioriza la capacidad inherente del individuo para la autorrealización y el crecimiento personal.

Impacto en las metodologías de asesoramiento

El enfoque centrado en la persona ha tenido un impacto significativo en las metodologías de consejería, revolucionando la forma en que se realizan las intervenciones terapéuticas. Un aspecto central de este impacto es el énfasis en crear un entorno de apoyo y empatía donde los clientes se sientan seguros para explorar sus pensamientos y emociones abiertamente y sin juicios. Este cambio de paradigma en las metodologías de consejería ha dado lugar a un enfoque terapéutico más centrado en el cliente y colaborativo, redefiniendo la dinámica tradicional de poder entre terapeuta y cliente.

Una de las principales contribuciones de la terapia centrada en la persona al campo de la psicología es su enfoque en la experiencia subjetiva y la autoexploración del individuo. Al priorizar la perspectiva única y el proceso interno del cliente, los terapeutas pueden adaptar sus intervenciones a las necesidades y objetivos específicos de cada persona, lo que resulta en resultados terapéuticos más personalizados y efectivos.

El enfoque centrado en la persona ha influido en el desarrollo de técnicas de consejería no directivas, como la escucha reflexiva y la paráfrasis, que buscan facilitar la autoexploración y la introspección de los pacientes. Estas metodologías se han adoptado ampliamente en diversas modalidades de consejería, lo que refuerza la importancia de la escucha activa, la empatía y la consideración positiva incondicional para promover el cambio terapéutico.

El énfasis del enfoque centrado en la persona en la relación terapéutica como catalizador del crecimiento del cliente ha ampliado el alcance de las metodologías de asesoramiento. Los terapeutas ahora priorizan el desarrollo de una conexión genuina y empática con los clientes, ya que la investigación continúa demostrando el profundo impacto de la alianza terapéutica en los resultados del tratamiento.

Además, la consejería centrada en la persona ha impulsado la integración de la competencia multicultural y la diversidad en las metodologías de consejería. Al reconocer y respetar la diversidad de orígenes y experiencias de los clientes, los consejeros pueden abordar eficazmente las barreras culturales y promover la inclusión en el proceso terapéutico, lo que resulta en prácticas de consejería más equitativas y éticas.

Aplicabilidad en Psicología Educativa

Al enfatizar el valor intrínseco del individuo y su potencial de crecimiento, el Enfoque Centrado en la Persona ha redefinido la dinámica entre educadores y estudiantes, allanando el camino para entornos educativos más enriquecedores y empoderadores. En el contexto de la psicología educativa, esta teoría subraya la importancia de crear climas de clase propicios y sin prejuicios que fomenten la autoestima, la autoeficacia y la autonomía de los estudiantes. Al reconocer la importancia de la relación profesor-alumno, los educadores pueden adoptar un enfoque centrado en la persona para mejorar las experiencias de aprendizaje de sus estudiantes.

El Enfoque Centrado en la Persona ha influido en la comprensión de los hitos del desarrollo y la integración cognitivo-emocional en la educación. Promueve el reconocimiento de los diversos estilos de aprendizaje y las diferencias individuales, animando a los educadores a adaptar las estrategias de enseñanza para satisfacer las necesidades únicas de cada estudiante. Al fomentar la empatía, la autenticidad y la consideración positiva incondicional, los educadores pueden crear eficazmente entornos de aprendizaje inclusivos que promuevan el bienestar emocional y psicológico del alumnado. Este enfoque también fomenta la transición de los métodos de enseñanza tradicionales, basados en la autoridad, a experiencias de aprendizaje más colaborativas y participativas, enfatizando la coconstrucción del conocimiento y fomentando un sentido de pertenencia en las trayectorias de aprendizaje del alumnado.

La Teoría Centrada en la Persona ofrece valiosas perspectivas sobre el papel de la retroalimentación, la evaluación y la valoración en las prácticas educativas. Al promover la retroalimentación constructiva y no evaluativa, los educadores pueden fomentar una cultura de apertura y crecimiento, centrándose en el proceso de aprendizaje y no solo en los resultados. Este enfoque fomenta un sentido de motivación y apoyo, en consonancia con los principios fundamentales del Enfoque Centrado en la Persona. De igual manera, en las prácticas de evaluación, se hace hincapié en las evaluaciones holísticas que consideran el progreso, las fortalezas y las áreas de desarrollo del individuo, evitando sistemas de calificación rígidos y optando por evaluaciones más integrales y personalizadas que reconocen las capacidades y el potencial únicos de cada estudiante.

Influencia en el desarrollo organizacional

El enfoque centrado en la persona ha redefinido la forma en que las organizaciones abordan las relaciones laborales, el desarrollo del liderazgo y la cultura laboral en general. En los entornos corporativos y organizacionales contemporáneos, los principios de la teoría centrada en la persona han sido fundamentales para fomentar un entorno más inclusivo, empoderador y colaborativo. Al priorizar la comunicación abierta y honesta, reconocer las experiencias individuales y demostrar un liderazgo empático, las organizaciones pueden crear una cultura que valora el bienestar integral de sus empleados.

Una de las áreas clave donde el enfoque centrado en la persona ha tenido un profundo impacto es en el desarrollo del liderazgo. Tradicionalmente, los modelos de liderazgo jerárquico han dado paso a enfoques que enfatizan estilos de liderazgo participativo y transformacional, en estrecha consonancia con los principios fundamentales de la teoría centrada en la persona. Se anima a los líderes a cultivar un entorno donde la voz de cada miembro del equipo se escuche y valore, fomentando un sentido de pertenencia y responsabilidad. Esta transición hacia un liderazgo empático y centrado en la persona ha resultado en una mayor confianza, satisfacción laboral y compromiso organizacional entre los empleados.

El enfoque centrado en la persona ha revolucionado el ámbito de las relaciones laborales al promover la escucha activa, la empatía y la comprensión en las interacciones interpersonales dentro de la organización. Esto ha resultado en una disminución de los conflictos laborales, una mejor resolución de conflictos y una mayor cohesión entre los equipos. Como resultado, los empleados se sienten apoyados y comprendidos, lo que contribuye a un ambiente laboral positivo y enriquecedor.

El enfoque centrado en la persona ha generado cambios en la forma en que las organizaciones ven la gestión del desempeño y la retroalimentación. Al adoptar un enfoque más centrado en la persona para la evaluación y la retroalimentación, las organizaciones han observado una mejora en la moral, la motivación y el compromiso de los empleados. Este enfoque enfatiza la importancia de brindar retroalimentación constructiva de manera comprensiva y sin prejuicios, centrándose en el crecimiento y el desarrollo individual.

Adaptación en contextos culturales y de diversidad

El enfoque centrado en la persona ha experimentado una notable evolución en su aplicación en contextos culturales y de diversidad. Esta evolución representa un cambio fundamental en la adaptación de las prácticas terapéuticas para abordar las necesidades únicas de poblaciones diversas. Comprender la influencia de la cultura, la etnia y otras dimensiones de la diversidad en el bienestar psicológico es esencial para una práctica eficaz. Existe un creciente reconocimiento de que los modelos eurocéntricos tradicionales pueden no captar plenamente las experiencias de personas de diversos orígenes culturales. Por ello, los terapeutas que emplean técnicas centradas en la persona han adaptado sus enfoques para dar cabida a diversas perspectivas y creencias.

Las consideraciones clave para adaptar el enfoque centrado en la persona a contextos culturales y de diversidad incluyen un énfasis en la humildad cultural, lo que implica el reconocimiento de las diferencias culturales y el compromiso con la autoevaluación y el aprendizaje continuos. Los terapeutas se esfuerzan por crear un entorno culturalmente sensible e inclusivo, reconociendo las diferencias de poder y abordando las barreras de acceso a los servicios de salud mental. Esta adaptabilidad ha llevado a la incorporación de tradiciones curativas indígenas, espiritualidad y formas alternativas de expresión y comunicación en el proceso terapéutico.

El enfoque centrado en la persona subraya la importancia de comprender los valores y las normas culturales, así como el impacto de la opresión y la discriminación sistémicas en el bienestar individual. Los terapeutas buscan fomentar un ambiente de respeto, empatía y comprensión genuina, con el objetivo de superar las brechas culturales y, al mismo tiempo, honrar la singularidad de la experiencia vivida de cada cliente. Al integrar la sensibilidad cultural en el marco terapéutico, los profesionales pueden cultivar la confianza y la conexión con los clientes, lo que, en última instancia, mejora la eficacia del proceso terapéutico.

La adaptación de la terapia centrada en la persona a contextos culturales y de diversidad requiere un análisis crítico de la perspectiva y los sesgos culturales del terapeuta. Los profesionales participan en una reflexión y un diálogo continuos para aclarar sus suposiciones implícitas y mejorar su capacidad de comprensión intercultural. Esta práctica reflexiva permite a los terapeutas abordar temas potencialmente delicados con competencia y conciencia cultural, promoviendo una mayor alianza terapéutica y el empoderamiento del paciente.

Papel en la intervención en crisis y la terapia del trauma

En el contexto de la intervención en crisis, el enfoque centrado en la persona prioriza la creación de un entorno seguro y de apoyo para quienes experimentan angustia aguda. Al fomentar una atmósfera de consideración positiva incondicional y empatía, los terapeutas pueden empoderar a los clientes para que exploren sus emociones y experiencias sin temor a ser juzgados ni invalidados. Este entorno es crucial para ayudar a las personas a procesar eventos traumáticos y a afrontar las emociones abrumadoras que acompañan a dichas experiencias. Además, el énfasis en la autenticidad permite a los terapeutas establecer una conexión genuina con los clientes, facilitando la confianza y la compenetración, componentes vitales de una intervención en crisis y una terapia del trauma eficaces. El enfoque centrado en la persona también anima a los clientes a explorar sus recursos internos y su resiliencia, promoviendo un sentido de empoderamiento y autoeficacia en tiempos de crisis. Al centrarse en la experiencia subjetiva y las emociones del cliente, la terapia centrada en la persona proporciona un marco para que las personas procesen el trauma a su propio ritmo, respetando su camino único hacia la sanación. Además, este enfoque subraya la importancia de reconocer y validar las emociones del cliente, permitiéndole expresar y procesar la amplia gama de sentimientos que pueden surgir tras una crisis o un evento traumático. A través de la perspectiva centrada en la persona, los terapeutas pueden guiar a los clientes en la gestión de las complejidades de sus respuestas emocionales, facilitando así un proceso de sanación más profundo. Además, el enfoque centrado en la persona se alinea con los principios fundamentales de la atención informada sobre el trauma, reconociendo el impacto del trauma en el bienestar mental, emocional y físico del individuo. Los terapeutas que utilizan el modelo centrado en la persona demuestran sensibilidad ante los efectos del trauma, buscando crear un espacio que promueva la seguridad, el empoderamiento y la colaboración en el proceso de recuperación. Al integrar el enfoque centrado en la persona en la terapia del trauma, los profesionales pueden ayudar a los clientes a reconstruir una narrativa coherente de sus experiencias, recuperar el control y fomentar el crecimiento postraumático. La naturaleza profundamente humanista y empática de la terapia centrada en la persona la convierte en un recurso invaluable en la intervención en crisis y la terapia del trauma, contribuyendo a la restauración de la esperanza, la resiliencia y la recuperación significativa de las personas que luchan con las secuelas de eventos traumáticos.

Integración con tecnologías emergentes

El enfoque centrado en la persona se ha adaptado continuamente a los rápidos avances tecnológicos, buscando integrar estas herramientas en la práctica terapéutica. La aparición de plataformas de telesalud y servicios de asesoramiento virtual ha abierto nuevas oportunidades para que los terapeutas centrados en la persona lleguen a clientes en zonas remotas o desatendidas, así como a personas que enfrentan barreras para el tratamiento presencial. Además, los canales de comunicación digitales han ampliado las posibilidades de mantener una relación terapéutica más allá de las sesiones presenciales tradicionales. Las videoconferencias, las plataformas de mensajería segura y las aplicaciones móviles ofrecen vías para el apoyo y la orientación continuos, en consonancia con los principios fundamentales de empatía, consideración positiva incondicional y congruencia, fundamentales para la teoría centrada en la persona.

Además, las innovaciones tecnológicas han facilitado la recopilación y el análisis de grandes cantidades de datos de clientes, lo que permite a los profesionales centrados en la persona comprender mejor sus experiencias y progresos individuales. Los enfoques basados en datos, cuando se utilizan de forma ética y responsable, pueden potenciar la personalización de la terapia, permitiendo intervenciones a medida que se adaptan a las necesidades y circunstancias únicas de cada cliente. Al adoptar las tecnologías emergentes, los terapeutas centrados en la persona pueden aprovechar el análisis de datos, la inteligencia artificial y el aprendizaje automático para fundamentar su práctica, manteniendo al mismo tiempo los valores humanísticos que fundamentan su enfoque.

La creciente influencia de la realidad virtual y la realidad aumentada en las intervenciones de salud mental ofrece otra vía para integrar la tecnología en el enfoque centrado en la persona. Estas tecnologías inmersivas ofrecen formas innovadoras de crear entornos empáticos que simulan situaciones reales, brindando a los pacientes espacios seguros para explorar y afrontar sus emociones y desafíos. Las experiencias inmersivas, cuando se incorporan con autenticidad y sensibilidad, pueden complementar la comprensión empática y el ambiente de apoyo esenciales para la terapia centrada en la persona, mejorando potencialmente el proceso terapéutico y sus resultados.

El uso de comunidades de apoyo en línea, foros y redes entre pares se alinea con el espíritu colaborativo e igualitario de la práctica centrada en la persona. Estas plataformas digitales no solo amplían el alcance del apoyo terapéutico más allá de las sesiones individuales, sino que también fomentan un sentido de comunidad e interconexión entre las personas que buscan el crecimiento personal y la sanación. Al reconocer el valor de estos recursos tecnológicos, los terapeutas centrados en la persona pueden animar a sus clientes a interactuar con diversas perspectivas y experiencias, fomentando un enfoque holístico del bienestar y el autodescubrimiento.

50 CITAS DE ROGERS SOBRE LA TEORÍA PERSONACÉNTRICA

Sobre los principios fundamentales de la teoría centrada en la persona

"La curiosa paradoja es que cuando me acepto tal como soy, entonces puedo cambiar".

"La gente es tan maravillosa como los atardeceres si los dejas ser".

"En mis relaciones con las personas he descubierto que, a largo plazo, no ayuda actuar como si fuera algo que no soy".

"El individuo posee en su interior vastos recursos para la autocomprensión, para modificar su autoconcepto, sus actitudes y su conducta autodirigida, y estos recursos pueden aprovecharse si se le proporciona un clima definible de actitudes psicológicas facilitadoras".

"La buena vida es un proceso, no un estado del ser. Es una dirección, no un destino".

"La experiencia es para mí la máxima autoridad".

"El crecimiento se produce cuando el individuo se percibe y acepta tal como es".

"Lo que soy es suficientemente bueno si lo fuera abiertamente".

"La única persona educada es aquella que ha aprendido a aprender y a cambiar".

"El organismo tiene una tendencia y un esfuerzo básicos: actualizar, mantener y mejorar el organismo que experimenta".

Sobre la consideración positiva incondicional, la empatía y la congruencia

“Cuando la otra persona está herida, confundida, preocupada, ansiosa, alienada, aterrorizada; o cuando duda de su autoestima, no está segura de su identidad, entonces se necesita comprensión”.

“Ser empático significa: me pongo en tus zapatos. Entro en tu mundo sin perderme”.

“Cuando alguien realmente te escucha sin juzgarte, sin intentar responsabilizarse por ti, sin intentar moldearte, te sientes muy bien”.

“La comprensión empática [...] parece liberar a la persona para seguir adelante”.

“Es asombroso cómo elementos que parecen insolubles se vuelven solubles cuando alguien escucha”.

“La consideración positiva incondicional significa cuidar al cliente, pero no de una manera posesiva o de tal manera que simplemente se satisfagan las propias necesidades del terapeuta”.

“Cuanto más pueda mantener una relación libre de juicios y evaluaciones, más permitirá esto que la otra persona llegue al punto de estar dispuesta y ser capaz de mirarse a sí misma con aceptación”.

“La congruencia es ser real, ser transparente: cuando lo que experimento en mi interior está presente en mi comunicación”.

“Estar con otro de esta manera significa que, por el momento, dejas de lado las opiniones y valores que tienes sobre ti mismo para entrar al mundo del otro sin prejuicios”.

"No es que este enfoque haga la vida fácil, es que la hace posible".

Sobre la autonomía del cliente y autorrealización

"He llegado a creer que las personas tienen una inmensa capacidad de autocuración y crecimiento personal, si se dan las condiciones adecuadas".

"Nadie más puede saber cómo percibimos; somos la única autoridad en nuestra propia experiencia".

"La tendencia del hombre a actualizarse, a convertirse en sus potencialidades [...] es la fuerza principal detrás de las actividades del individuo".

"El cliente sabe qué le duele, qué camino tomar, qué problemas son cruciales, qué experiencias han quedado profundamente enterradas".

"La terapia no consiste en hacerle algo al individuo ni en prescribirle un comportamiento. Se trata, más bien, de liberarlo para que crezca y se desarrolle con normalidad".

"El núcleo más íntimo de la naturaleza del hombre es esencialmente positivo".

"En un clima de actitudes facilitadoras, el individuo descubrirá dentro de sí mismo la capacidad de utilizar esa relación para crecer".

"El enfoque centrado en la persona se basa en la creencia en la capacidad del individuo para abordar de forma constructiva su propia vida".

"La autoaceptación es el requisito previo para el cambio".

"El individuo llega a sentir cada vez más que está 'en casa' en su experiencia, que es digna de confianza".

Sobre la relación terapéutica

"La relación que he encontrado útil se caracteriza por la autenticidad, la aceptación y la comprensión empática".

"Existe una relación de ayuda cuando uno de los participantes pretende que se produzca, en una o ambas partes, una mayor apreciación, una mayor expresión y un uso más funcional de los recursos internos latentes del individuo".

"La terapia es un proceso de tomar conciencia de lo que uno siente y luego experimentar los sentimientos plenamente".

"El crecimiento psicológico significa un movimiento continuo que se aleja de la fijeza, de la rigidez, hacia una mayor apertura a la experiencia".

"El terapeuta debe estar integrado y completo en la relación".

"El aprendizaje significativo ocurre cuando el estudiante percibe que el tema en cuestión tiene relevancia para sus propios propósitos".

"La autenticidad en el terapeuta es una condición muy importante en la relación terapéutica".

"Descubro que soy más eficaz cuando puedo escucharme a mí mismo con aceptación y puedo ser yo mismo".

"El primer paso hacia el cambio es la concientización".

"La verdadera empatía siempre está libre de cualquier cualidad evaluativa o diagnóstica. Exige que te adentres en el marco de referencia de la otra persona".

Sobre la libertad, la apertura y el crecimiento personal

"La única persona a la que no se puede ayudar es aquella que culpa a los demás".

"Me parece que la buena vida no es un estado fijo. No es, en mi opinión, un estado de virtud, satisfacción, nirvana ni felicidad. No es un estado en el que el individuo se adapta, se realiza o se realiza".

"Cuando miro el mundo soy pesimista, pero cuando miro a la gente soy optimista".

"Ser lo que uno es y llegar a ser lo que uno es capaz de llegar a ser es el único fin de la vida".

"Estar plenamente vivo significa estar en proceso, no sólo existir en un estado estático".

"He llegado a sentir que cuanto más comprendido y aceptado sea el individuo, más probable será que abandone las conductas defensivas que ha estado utilizando".

"La esencia de la creatividad es su novedad y, por lo tanto, no tenemos ningún estándar con el cual juzgarla".

"No es que seamos lo que somos por lo que nos ha sucedido, sino por cómo hemos llegado a comprender e interpretar lo que ha sucedido".

"La vida, en su mejor expresión, es un proceso fluido y cambiante en el que nada es fijo".

"Convertirse en persona significa aceptar la responsabilidad de la propia vida".

www.ingramcontent.com/pod-product-compliance
Lightning Source LLC
LaVergne TN
LVHW010926051026
849532LV00003B/863
* 9 7 9 8 2 3 3 7 5 1 5 2 3 *